De la Protection
des créanciers
contre l'insolvabilité de l'héritier du débiteur

PARIS
Paul DELMA
29, rue des Boulangers

—

1897

DE LA

PROTECTION DES CRÉANCIERS

CONTRE

L'INSOLVABILITÉ DE L'HÉRITIER DU DÉBITEUR

UNIVERSITÉ DE PARIS

DE LA

PROTECTION DES CRÉANCIERS

CONTRE

L'INSOLVABILITÉ DE L'HÉRITIER DU DÉBITEUR

PAR

M. Tiburce CUNÉO-D'ORNANO

DOCTEUR EN DROIT

AVOCAT A LA COUR D'APPEL

PARIS

LIBRAIRIE PAUL DELMAR

29 — Rue des Boulangers — 29

1897

A LA MÉMOIRE

DE MON GRAND-PÈRE

LE PRÉSIDENT CUNÉO-D'ORNANO

DE MON GRAND-PÈRE

Cte H. SÉBASTIANI

D? MON ONCLE

LE MARÉCHAL Cte SÉBASTIANI

DE MON ONCLE

LE GÉNÉRAL TIBURCE Vte SÉBASTIANI

A MON PÈRE ET A MA MÈRE

A MA GRAND'MÈRE

A MON FRÈRE

A MES PARENTS

A MES MAITRES

A MES AMIS

PROTECTION DES CRÉANCIERS

CONTRE

L'INSOLVABILITÉ DE L'HÉRITIER DU DÉBITEUR

INTRODUCTION

Dans les premiers temps de la législation romaine, le droit de créance *nomen* était entièrement subordonné à la bonne foi du débiteur : tout dépendait de sa fidélité à tenir sa parole, à faire honneur à son *nom*. Le créancier n'avait ni le droit de le contraindre par corps, ni même celui de saisir ses biens. Tout ce qu'il pouvait faire, c'était de le sommer de tenir sa parole, de ne pas ternir son nom par une félonie, de porter plainte au Censeur, qui tenait en quelque sorte registre de l'honneur des citoyens, et disposait de la note d'infamie.

Avec un tel point de vue, la créance était purement personnelle, et s'évanouissait à la mort du débiteur : la dette n'était pas transmissible aux héritiers. En effet, la dette n'était pas une charge des biens, elle n'avait d'autre garantie que la fidélité à une parole donnée. Or, cette parole, ce n'était pas l'héritier qui l'avait prononcée. Celui-ci ne violait donc pas sa foi, il ne souillait pas son propre nom en refusant de payer.

Cette intransmissibilité des dettes n'avait pas les inconvénients que nous pourrions croire, car la société romaine primitive était bien différente de la nôtre. Longtemps les Romains ne furent que *des* agriculteurs formant de vastes familles qui se suffisaient à elles-mêmes. Les transactions entre les chefs de ces familles n'avaient guère lieu qu'au comptant. Le crédit était rare, ou du moins il n'était accordé que pour des valeurs modiques et à très court terme.

Ce principe de l'intransmissibilité de l'obligation a laissé des vestiges dans le Droit romain bien longtemps après avoir disparu. C'est ainsi que la dette du *sponsor* et du *fidepromissor* s'éteignait à leur mort, qu'on ne pouvait promettre *post mortem suam*, que les obligations délictuelles demeureraient intransmissibles (Gaïus III, §§ 114, 120). Pomponius distingue encore, au second siècle de notre ère, les choses qui sont *in patrimonio* et celles qui sont *in nominibus* (L. 9 D. 46, 6) : ce langage montre bien que, de même que les créances ne sont pas dans le patrimoine, de même les dettes n'en sont pas une charge.

Lorsque Rome étendit son empire, le commerce, les prêts et les contrats de toutes sortes prirent un immense développement, et les créances devinrent un important élément des fortunes. On songea donc à les mettre à l'abri de l'extinction par la mort du débiteur, qui en faisait des valeurs trop précaires, trop aléatoires. On employa d'abord le cautionnement et la corréalité, par lesquels on mettait dans l'obligation le plus de personnes possible. Il suffisait qu'un seul de ces débiteurs multiples fût vivant et solvable, pour que le créancier fût assuré de ne rien perdre.

Mais ces procédés compliqués ne s'accommodaient pas avec les exigences d'une société où les transactions devenaient tous les jours plus nombreuses, plus importantes et plus rapides : il fallait donc en arriver à la transmission héréditaire des dettes.

A l'époque des Douze Tables, cette transmission était déjà consacrée. Cette loi décide même que les dettes du défunt se diviseront entre ses divers héritiers : « *Nomina inter heredes pro portionibus hereditariis ercta cita sunto* » (Tabula quinta, cap IV ; Pothier, Pandectes ciij.).

Il est certain que l'obligation du fidéjusseur était transmissible. Or la fidéjussion fut introduite dès le milieu du VIIe siècle (Cuq, Institutions juridiques des Romains, p. 700). Vers la même époque, on discutait la question de savoir si l'obligation du mandataire était transmissible à ses héritiers, ce qui implique bien que cette transmission était devenue le droit commun (Cuq. ibid).

La transmission héréditaire du passif, avec sa division entre les héritiers, une fois admise, subsista jusqu'à la fin du Droit romain. C'est ce que nous prouve

le passage suivant du Code de Justinien : « *Ea quæ
in nominibus consistunt, non recipiunt divisionem,
sed ipso jure ex lege duodecim tabularum, in por-
tiones hereditarias divisa sunt.* » (L. 6, Code famil.
ercisc ; Voy. aussi L. 2, Code de hæred. act.).

Il y avait d'ailleurs à Rome certaines dettes qui, dès
l'origine, avaient été considérées comme transmissi-
bles. C'est ainsi que Tite-Live rapporte qu'un fils fut
poursuivi et même contraint par corps (*nexus*) à raison d'une dette de son père (VIII, 28). Il n'y avait
donc eu qu'à étendre cette notion à toutes les obligations en général. Ces dettes étaient celles qui déri-
vaient d'un acte portant *damnatio*. Elles grevaient
l'ensemble du patrimoine du défunt; c'étaient des
charges de la maison, et l'héritier en était tenu comme
continuateur de cette maison. Ainsi, l'héritier avait la
charge de l'entretien du culte, des emprunts contractés
en la forme du nexum, des condamnations prononcées
à titre de peine par le juge. Ces dettes grevaient, non
seulement l'héritier institué ou légitime, mais aussi
celui qui avait usucapé *pro herede*, et ce fut même
la principale utilité de cette institution (Cuq, p. 279 et
299).

La règle de la transmission héréditaire avec division des dettes entre les héritiers, a passé dans notre
ancien Droit (Lebrun, successions, liv. IV, ch. ii, sect. i,
n° 2 ; Pothier, successions, chap. v, art. 2 et 3 ; Obligations, I n°s 301-310), et de là dans notre Code civil

(art. 724, 873 et 1220 pour les héritiers légitimes, 1009 et 1012 pour les légataires universels et à titre universel).

Sans doute, les héritiers peuvent faire entre eux des arrangements quelconques relativement au partage des actions actives et passives. Ainsi, ils peuvent décider que certaines créances seront mises pour le tout au lot d'un héritier (art. 832). De même, ils peuvent convenir que certaines dettes seront payées pour le tout par l'un d'eux. Mais ces arrangements ne sont pas opposables aux créanciers héréditaires qui conservent le droit de demander à chaque héritier la partie de la dette qui correspond à sa portion héréditaire ; ils ne peuvent arriver à poursuivre l'héritier qui, en vertu de l'arrangement, doit supporter le total de certaines dettes, qu'au moyen de l'action oblique (art. 1166), et l'on sait que cette action produit des effets moins complets que l'action directe.

Il suit de là que la transmission héréditaire peut causer un grave préjudice aux créanciers du défunt. Il en résulte, en effet, que ces créanciers cessent d'être créanciers du défunt pour devenir les créanciers personnels des héritiers. Y a-t-il par exemple quatre héritiers ? Le créancier d'une somme de 100 ne pourra demander que 25 à chacun, et, pour ces 25, il viendra en concours avec les créanciers personnels du cohéritier.

Certes, il peut arriver que cette confusion des patrimoines soit favorable aux créanciers héréditaires : il en sera ainsi si le défunt était insolvable, tandis que ses héritiers sont solvables. Mais ce cas se présentera rarement, car, lorsque la succession est mauvaise, il est évident que les héritiers la répudient. C'est donc là, une chance bien aléatoire pour le créancier. Ils courent au contraire un risque très grave lorsque les héritiers ou quelques-uns d'entre eux sont insolvables, alors que le défunt laisse un actif suffisant pour payer ses dettes, ou que tout au moins cet actif aurait fourni aux créanciers un dividende supérieur à celui qu'ils obtiennent de chacun des héritiers.

La loi n'a-t-elle pas organisé certaines mesures pour obvier à cet inconvénient? Telle est la question qui doit faire l'objet de cette étude. Nous la diviserons en trois parties :

Dans la première, nous étudierons le cas où, les créanciers héréditaires n'ayant pas invoqué la séparation des patrimoines, et les héritiers n'ayant pas demandé le bénéfice d'inventaire, la confusion des patrimoines du défunt et des héritiers subsiste.

Dans la seconde, nous examinerons le cas où les créanciers ont invoqué la séparation des patrimoines.

Dans la troisième, nous verrons le cas où les héritiers ont accepté sous bénéfice d'inventaire.

PREMIÈRE PARTIE

**Du cas où il y a confusion du patrimoine du défunt
avec celui de l'héritier (ou des héritiers)**

Cette hypothèse se présente :

1° Lorsque les créanciers héréditaires ne veulent
pas demander la séparation des patrimoines.

2° Lorsqu'ils ne peuvent plus la demander, soit
parce qu'ils ont renoncé à ce bénéfice, en acceptant
l'héritier pour débiteur personnel, soit parce qu'ils
sont déchus de la faculté de la demander dans les diverses hypothèses, que nous préciserons dans notre
deuxième partie.

Dans ces conditions, les créanciers sont-ils protégés
contre l'insolvabilité des héritiers et comment?

Nous n'avons à nous préoccuper que des garanties
légales, et non de celles qu'un créancier diligent peut
se procurer, conformément au Droit commun, du chef
de l'héritier. Ainsi, il est certain qu'un créancier
pourrait demander aux héritiers des hypothèques, des
cautions, des gages.

Il pourrait aussi les poursuivre en paiement, et se

procurer par un jugement de condamnation, une hypothèque judiciaire.

Il pourrait agir en reconnaissance ou en vérification d'écritures, si sa créance est constatée par un acte sous seing privé, et obtenir une hypothèque judiciaire conformément à l'article 2123, sauf à n'inscrire cette hypothèque, si la créance est à terme, qu'au jour de l'arrivée du terme, conformément à la loi du 3 septembre 1807.

Nous laisserons de côté ces cas particuliers, et nous rechercherons seulement les voies de protection organisées par la loi, au profit des créanciers héréditaires contre l'insolvabilité de l'héritier.

Certes, il n'est pas inique, comme on l'a dit à tort, que les créanciers d'une personne souffrent de la transmission héréditaire qui substitue un débiteur insolvable dont ils n'ont pas suivi la foi, à leur propre débiteur en qui ils ont placé leur confiance en connaissance de cause, et qui est mort solvable. Les hommes sont mortels, et les créanciers, en faisant crédit à leur débiteur, devaient, avec un peu de prudence, faire enrer dans leurs prévisions l'hypothèse de sa mort et de l'insolvabilité de son héritier. S'ils souffrent un préjudice de cette insolvabilité, ils n'ont qu'à s'en prendre à eux-mêmes : ils auraient dû consolider leurs droits par des sûretés réelles ou personnelles.

Mais les nécessités de la vie ne s'accommodent pas de tant de précautions. Le législateur doit prendre des mesures pour faciliter et développer le crédit, afin que les hommes puissent obtenir rapidement les uns des autres, les services réciproques en vue desquels ils se mettent en société. Il doit prémunir les créanciers pour le cas où leur débiteur viendrait à mourir, laissant un héritier insolvable. Il le doit bien plus dans l'intérêt général que dans un but d'équité, afin qu'un homme ne soit pas empêché de rendre service à un autre, par la crainte que ce dernier ne vienne à mourir.

Nous passerons en revue les diverses garanties auxquelles on peut songer, en indiquant pour chacune d'elles, si la loi les a rejetées ou consacrées.

CHAPITRE Ier

Les créanciers héréditaires ont-ils une hypothèque légale sur les immeubles de la succession?

On a soutenu l'existence, dans notre droit actuel, de cette hypothèque.

On invoque d'abord certains précédents historiques.

En Normandie, les créanciers chirographaires de la succession devenaient hypothécaires au jour de l'adition d'hérédité (Basnaye, traité des hypothèques, chap. IV, n° 2 ; Godefroy sur l'art. 593 de la coutume de Normandie). On invoque ensuite l'art. 873, où il est dit que les héritiers sont tenus hypothécairement des dettes héréditaires.

On rapproche l'art. 1017, qui donne aux légataires

une hypothèque sur les immeubles héréditaires. Comment, dès lors, dit-on, refuser le même avantage aux créanciers de la succession que l'ensemble des dispositions du Code civil préfèrent manifestement aux légataires ! Il serait injuste de faire à des créanciers qui luttent *de damno vitando* une situation inférieure à celle des légataires qui luttent simplement *de lucro captando*.

Un arrêt de la Cour suprême, du 9 janvier 1827, paraît favorable à cette opinion : on y parle en effet de « l'indivisibilité hypothécaire qui, indépendamment de l'obligation personnelle de l'héritier à la dette de son auteur, en proportion de sa part et portion, résulte contre ce même héritier, de la possession des immeu bles de la succession. »

Ce système nous paraît inacceptable.

En ce qui touche l'argument tiré de la coutume de Normandie, je réponds que les anciennes coutumes sont abrogées (L. 30 ventôse an XII, art. 7).

Si le Code civil avait voulu donner une hypothèque légale aux créanciers héréditaires, il l'aurait dit formellement.

Qu'on ne prétende pas trouver cette disposition dans l'art. 873 ! Ce texte vise le cas d'une hypothèque née du chef du *de cujus*, de son vivant.

La preuve résulte du rapprochement de l'art. 873 des art. 333 de la Coutume de Paris et 858 de la Coutume d'Orléans. Nous lisons dans ces articles, dont les textes sont à peu près identiques : « Toutefois, si les héritiers sont détenteurs d'héritages qui aient appartenu au défunt, lesquels aient été obligés et hypothéqués à la dette par ledit défunt, chacun des héritiers est tenu de payer le tout, sauf son recours contre ses cohéritiers.

On voit que l'art. 873 n'est que la reproduction de ces anciens textes, et que dès lors il se réfère à la même hypothèse : à savoir celle d'immeubles grevés du chef du *de cujus*, de son vivant.

L'article fait simplement à cette hypothèse l'application de l'indivisibilité de l'hypothèque et du droit de suite qui y est attaché. Bien qu'il y ait plusieurs héritiers, et que l'un d'eux, au lot duquel est mis tout ou partie d'un immeuble hypothéqué à la dette, ne doive personnellement qu'une partie de la dette correspondante à sa part héréditaire, il est tenu, pour éviter l'expropriation dudit immeuble, de payer la totalité de la dette.

C'est l'application pure et simple de l'art. 2114. Il est vrai qu'avec notre interprétation, cette disposition de l'art. 873 se trouve inutile. Il va de soi que l'hypothèque n'est pas subordonnée à l'existence de celui qui la constitue, et qu'elle conserve son caractère d'indivisibilité à l'égard de ses ayants cause. Mais, nombreux sont les textes du Code civil qui offrent le même caractère ! Les rédacteurs du Code civil étaient avant tout des praticiens : ils ont prévu des espèces et les ont résolues de leur mieux, sans s'inquiéter si ces solutions n'étaient que l'application des principes généraux du droit et pourraient être suppléés par les juristes.

CHAPITRE II

Y a-t-il solidarité entre les cohéritiers pour le paiement des dettes héréditaires ?

D'après certaines de nos anciennes coutumes, les héritiers étaient tenus solidairement des dettes de leur auteur. De cette façon, l'insolvabilité de l'un des héritiers retombait sur les autres, et les créanciers n'en souffraient pas. L'héritier solvable qui était obligé de payer le tout, avait d'ailleurs un recours contre ses cohéritiers par une sorte de cession d'action sous-entendue. Voyez en ce sens :

Coutume d'Amiens, art. 159.

Coutume de Normandie, règlement de 1666, art. 130.

Basnage, sur l'art. 431, et traité des hypothèques IV, n° 11,

Merlin, Répertoire, V° Dettes, § 3, n° 2.

Cette théorie tenait sans doute à une forte organisation de la famille. On considérait que les membres d'une même famille devaient se dévouer, corps et biens, à soutenir l'honneur du nom. Il faut ajouter que cette théorie était favorable au crédit et au développement des transactions : les créanciers avaient moins à redouter l'effet de la mort de leur débiteur, puisqu'il suffisait qu'un seul des héritiers fût solvable pour les mettre à couvert.

On estima avec raison que cette solution, qui rendait
les héritiers caution solidaires les uns des autres, était
excessive. La garantie qui en résultait pour les créanciers était plus apparente que réelle. La crainte d'un
recours illusoire contre les cohéritiers insolvables,
entraînait les héritiers solvables à renoncer.

Aussi Pothier protesta-t-il contre ces coutumes « assez
déraisonnables pour obliger tous les héritiers solidairement aux dettes du défunt, comme si plusieurs pouvaient succéder *in solidum* aux dettes d'une personne ». (Successions, chap. V. art. 3 § 2).

Pourquoi, en effet, l'héritier est-il tenu des dettes de
son auteur? Ce n'est pas à raison d'une solidarité
d'honneur, en vertu de laquelle aucun héritier ne
devrait souffrir qu'une dette du *de cujus* demeurât
impayée, et chaque héritier, appelé même à une infime
partie de la succession, devrait se dévouer à rendre
intacte la mémoire du défunt. S'il en était ainsi, le
Droit ne devrait pas permettre la répudiation de l'hérédité. Il ne faut pas confondre les scrupules de la
morale avec les exigences du Droit. La législation
romaine elle-même, qui avait établi une si forte organisation de la famille, admit la division des dettes entre
les héritiers ; de très bonne heure, elle ouvrit aux héritiers siens le *jus abstinendi*.

La vraie raison de l'obligation aux héritiers aux
dettes, est qu'ils recueillent l'universalité du patrimoine
de leur auteur. Et comme chacun d'eux, lorsqu'ils

sont plusieurs, ne prend qu'une partie de l'hérédité, il n'assume qu'une partie correspondante du passif.

Il peut arriver que les créanciers héréditaires aient le droit, dans certaines circonstances, de poursuivre certains héritiers au-delà de leur part contributoire, et il pourra dériver de là pour ces créanciers, une garantie qui, pour n'avoir pas été cherchée et voulue par la loi, n'en sera pas moins très utile.

Je suppose le cas de retour successoral. Pour fixer les idées, prenons le cas où le défunt laisse comme héritiers, son père, son frère, et un aïeul donateur qui vient exercer le retour successoral (art. 747).

Certains auteurs admettent que les créanciers héréditaires ne peuvent poursuivre l'aïeul qu'après la fixation de sa part contributoire, et seulement dans la mesure de cette part. (Voir les citations dans Demolombe, n° 43 B V° 15).

D'autres disent que les créanciers n'ont aucun droit de poursuite contre lui, même après la fixation de sa part héréditaire. Cette détermination n'aura d'effet que dans ses rapports avec les autres héritiers qui feront déduction, sur la part de l'aïeul, de la portion de dettes qu'il doit supporter. (*Ibid,* A).

Il nous paraît plus juridique de faire une distinction selon que les créanciers exercent leurs poursuites avant ou après les opérations de liquidalion servant à déterminer la part contributoire du successeur anomal.

a) Après cette détermination, ils ne pourront demander à l'aïeul que sa part contributoire.

b) Mais avant qu'elle ne soit opérée, ils pourront le poursuivre pour sa part virile, c'est-à-dire, dans l'espèce, pour un tiers, sauf recours ultérieur de l'aïeul pour tout ce qui dépasse sa part contributoire telle qu'elle sera fixée ultérieurement.

On voit aisément l'avantage qui résulte de cette solution pour les créanciers héréditaires, à supposer que l'aïeul soit solvable, et les autres héritiers insolvables : c'est qu'ils pourront poursuivre l'aïeul pour une partie importante des dettes, pour 100 par exemple, si le passif est de 300, alors que le dit aïeul n'a donné à son descendant qu'une valeur relativement minime, 10 par exemple.

Notre solution est, il est vrai, très contestée. Mais il ne nous paraît pas possible de suspendre le droit qu appartient aux créanciers de demander leur paiement immédiatement après le décès de leur débiteur. comme ils le pouvaient de son vivant. Ils ont peut-être un besoin urgent de la somme qui leur est due, et les opérations de la liquidation sont parfois compliquées. et par suite très longues. La seule question est de savoir pour combien ils pourront poursuivre l'aïeul. Or, il est bien évident que la formule de l'art. 1220 aux termes de laquelle les héritiers sont poursuivables dans la mesure de leur part héréditaire, est inapplicable, puisque cette part n'est pas connue : il faut donc avoir recours à celle de l'art. 873 d'après laquelle les héritiers sont tenus pour leur part et portion *virile*.

Nous invoquons enfin l'autorité de l'ancien Droit, qui donnait lieu d'une façon courante à la même question, et qui la résolvait exactement comme nous venons de le faire. On distinguait, en effet, dans une succession, plusieurs masses de biens, qui étaient comme autant de successions distinctes, à savoir les meubles et acquêts, les propres de la ligne paternelle, les propres de la ligne maternelle. Chaque héritier ne contribuait aux dettes, qu'à proportion de la part recueillie dans l'actif total. En attendant que cette part fût connue, ce qui demandait un temps plus ou moins long, les créanciers héréditaires pouvaient le poursuivre pour sa part virile.

On m'objecte que cette solution peut être extrêmement rigoureuse pour l'ascendant donateur, comme il arrive dans notre espèce, où il va être obligé de payer 100, alors qu'il ne recueille que 10 dans la succession, et que cette part n'en représente peut-être que le soixantième. Sa part contributoire dans le passif héréditaire, que je suppose de 300, n'est que de 5, et il sera réduit à un recours pour 95 (100-5) contre ses cohéritiers, recours illusoire lorsqu'ils sont insolvables.

Je réponds que, si l'intérêt de l'ascendant est respectable, celui des créanciers, qui luttent *de damno vitando*, l'est encore plus. Si l'ascendant a des doutes sur la bonté de son titre héréditaire, sur la solvabilité des cohéritiers contre lesquels il devra recourir, qu'il renonce, ou qu'il n'accepte que bénéficiairement; tout au moins qu'il hâte les opérations de la liquidation, afin de faire apparaître sa part contributoire avant les poursuites des créanciers.

On m'objecte enfin que cette obligation de l'ascendant est d'autant plus injuste, qu'il ne succède pas à une part aliquote de la succession, mais seulement à certains biens déterminés, à savoir les biens qu'il a donnés à son descendant, et qui se retrouvent en nature dans sa succession ; en un mot, qu'il est un simple successeur à titre particulier. Mais cette proposition est manifestement contraire au texte formel de la loi qui place le retour successoral au titre des successions, et dit formellement que l'ascendant *succède* (art. 747). L'aïeul est donc bien un héritier dont le droit est, il est vrai, fixé d'une façon spéciale, mais qui n'en est pas moins un représentant du défunt. D'ailleurs l'objection prouve trop, car les successeurs à titre particulier ne contribuent pas aux dettes ; on dispenserait donc ainsi l'ascendant, non seulement de l'obligation, mais même de la contrtbution aux dettes, ce que nul n'admet.

Si le retour successoral était invoqué, non plus par l'ascendant du donateur, mais par les autres successeurs anormaux, à savoir l'adoptant, et les frères et sœurs légitimes de l'enfant naturel, nous maintiendrions les mêmes solutions, avec cette remarque toufois, que les créanciers héréditaires ne pourraient les poursuivre pour leur part virile, qu'après l'envoi en possession, qui remplace pour eux la saisine légale. (Demol. n° 43 in fine).

Laissons maintenant de côté le retour successoral, et examinons une autre hypothèse très fréquente où l'on a soutenu que les créanciers héréditaires ont le droit de demander le total à certains successeurs.

Je suppose que la succession soit recueillie pour partie par des héritiers légitimes ou des héritiers naturels saisis, et pour partie par des légataires à titre universel, ou même universels lorsque les héritiers sont réservataires. Les créanciers héréditaires peuvent-ils, laissant de côté les légataires à titre universel ou universels, poursuivre pour le tout les héritiers légitimes, sauf pour ceux-ci leur recours contre les premiers pour leur part contributoire. S'il en est ainsi, on voit qu'il résulte de cette faculté une importante sûreté pour les créanciers de la succession, au cas où les héritiers légitimes sont solvables, et les légataires à titre universel insolvables.

Mais nous n'admettons pas cette solution. Nous dirons dans ce cas que les héritiers légitimes ne peuvent pas être poursuivis pour le tout, mais seulement dans la mesure de leur part contributoire ; en un mot, que le passif se divise entre tous les copartageants,

non seulement au point de vue de la contribution,
mais aussi au point de vue de l'obligation. Comme
cette solution est très contestée, il nous faut la justi-
fier rapidement. Je dis qu'elle a pour elle la raison.
l'utilité pratique, et les textes.

Au point de vue rationnel, je remarque que les légataires succèdent, tout comme les héritiers, à une fraction du patrimoine du défunt. Or, le patrimoine d'une
personne, c'est cette personne elle-même envisagée
dans ses rapports avec les objets du monde extérieur
sur lesquels elle a des droits à exercer. J'emprunte
cette définition à des auteurs de la doctrine adverse
(Aubry et Rau, VI, p. 230 note 6). Donc les légataires
représentent le défunt commes les héritiers légitimes,
et sont tenus, pour leur part, personnellement et *ultra
vires*, d'une partie du passif correspondant à la part
qu'ils recueillent dans le patrimoine.

Mais, dit-on, ils ne succèdent pas en vertu de la loi,
ils succèdent par la volonté de l'homme. Qu'importe ?
Il n'en est pas moins vrai qu'ils prennent une part
dans l'universalité du patrimoine ! En Droit romain
aussi l'héritier institué recueillait l'hérédité par la
volonté du testateur, et non en vertu de la loi. Il n'en
était pas moins responsable des dettes comme s'il les
avait lui-même contractées. La loi a tenu compte de la
différence de situation signalée en donnant à l'héritier
légitime, la saisine de plein droit, tandis que le légataire à titre universel doit demander la délivrance.

Mais, cette formalité une fois remplie, le légataire se trouve investi de l'exercice des actions actives et passives, pour sa quote-part, tout comme l'héritier lui-même.

Au point de vue pratique, notre opinion apporte, dans les rapports juridiques, que le partage fait naître entre les co-successeurs, autant de simplicité, que l'opinion adverse y met de complications. Elle supprime en effet les actions récursoires que le législateur voit avec défaveur (arg. de l'art. 875).

Il est certain que les actions héréditaires se divisent activement entre les héritiers et les légataires à titre universel, et cela sans doute afin d'éviter l'obligation pour l'héritier de rendre compte à chacun des autres successeurs du résultat de ses poursuites. Le même motif existe pour la division des actions, au point de vue passif. On ne comprend pas la division active sans la division passive : les deux choses sont corrélatives.

Dans l'opinion contraire les créanciers héréditaires peuvent poursuivre l'héritier saisi pour le total, et cet héritier aura ensuite un recours contre chacun des légataires à titre universel pour sa part. Mais il va être exposé à leur insolvabilité, et son recours dans ce cas, sera illusoire : il va donc subir en fait le total du passif, alors qu'il ne recueillera qu'une partie de l'actif, résultat évidemment inique. A supposer même les légataires solvables au jour du décès, il est possible

qu'ils deviennent insolvables plus tard, et que ce soit
à ce moment seulement que les créanciers héréditaires
exercent leurs poursuites. Pour éviter ce résultat, dit-
on, l'héritier saisi n'aura qu'à demander des sûretés
aux légataires au jour du partage. Mais on se lance
alors dans les complications et aussi dans l'arbitraire,
car on crée là un systèmo qui n'est nullement organisé par la loi.

Ces actions récursoires existaient, en matière de
legs partiaire, dans le Droit romain, où les actions du
défunt passaient exclusivement, tant au point de vue
actif qu'au point de vue passif, sur la tête de l'héritier,
et, pour les rendre possibles, il intervenait entre l'institué et le légataire partiaire, des stipulations *partis
et pro parte*. Ces stipulations furent appliquées en
cas de fidéicommis d'hérédité. Le senatus-consulte
Trébellien supprima ces complications en mettant les
fidéicommissaires *loco heredis*, Le senatus-consulte Pé-
gasien les rétablit pour les cas où le fidéicommis
dépasserait les 3/4 de l'actif. Mais Justinien les abolit
de nouveau en divisant les actions entre le grevé et
l'appelé. On voit que la tendance du Droit romain fut
de simplifier, par la division des actions, les rapports
entre l'héritier et celui qui avait droit à une partie de
la succession en vertu d'un autre titre que celui d'héritier.

Nos adversaires invoquent l'intérêt des créanciers
héréditaires, qui sont ainsi protégés contre l'insolvabilité des légataires, lesquels se trouvent en quelque

sorte cautionnés par l'héritier saisi. Je réponds qu'il convient en effet de les protéger contre l'insolvabilité des successeurs du défunt, mais il ne faut pas que cette protection soit aux dépens de celui d'entre eux qui est seul solvable, autrement, ce serait punir l'esprit d'ordre et d'économie. C'est sur l'actif de leur débiteur qu'ils ont compté et non sur la fortune d'un héritier riche. La protection consiste dans la séparation des patrimoines et non dans la faculté de demander le total à un héritier qui ne représente le défunt qu'en partie, puisqu'il ne recueillera qu'une partie du du patrimoine héréditaire.

Enfin notre solution nous paraît commandée par les textes mêmes du Code civil.

En effet :

Les art. 1009 et 1012 déclarent que le légataire à titre universel en concours avec un héritier quelconque et le légataire universel en concours avec un réservataire, sont tenus *personnellement* des dettes héréditaires pour leur part et portion. Or, c'est exactement dans les mêmes termes que la loi déclare les héritiers légitimes tenus du passif héréditaire. Les expressions identiques doivent avoir le même sens. Donc les légataires universel sont tenus *ultra vires* comme les héritiers ; ils doivent subir les dettes, non seulement pour la contribution, mais aussi pour l'obligation, et ils peuvent être poursuivis même ultra virès, à moins qu'ils n'acceptent sous bénéfice d'inventaire.

On objecte que dans ces articles le mot « personnellement » fait simplement antithèse au mot « hypoté-
cairement ». La loi dit que les légataires sont tenus
« hypothécairement » pour le tout, et « personnellement » pour leur part, ce qui signifie simplement
qu'après avoir payé le tout par l'effet de l'action hypothécaire, ils ont un recours pour ce qui excède leur
part contributoire. Je réponds que l'article 873
aussi dit que les héritiers sont tenus hypothécairement pour le tout et personnellement pour leur part,
et il est certain ici que le mot « personnellement »
signifie qu'ils sont débiteurs personnels des créanciers
héréditaires. Pourquoi donc le même mot avait-il un
autre sens dans les art. 1009 et 1012 où il est employé
en des formules identiques ? J'ajoute que le sens du
mot « personnellement » nous est fourni par l'art.
2092, aux termes duquel celui qui est tenu personnellement peut être poursuivi par les créanciers sur tous
ses biens.

On invoque contre nous l'ancien Droit où certainement les légataires à titre universel ne participaient
pas à la division des dettes au regard des créanciers.
C'est vrai, mais aussi l'ancien Droit avait-il le soin de
le déclarer nettement. Pothier dit formellement que
les légataires universels ne sont pas débiteurs personnels des charges de la succession. Lebrun disait
que leur obligation était imparfaite, Ricard qu'ils
n'étaient tenus que *ob rem*. (Merlin. Répert. Vº Légataire, art. 4, nᵒˢ 13 et 15).

Bien loin d'adopter ce langage, le Code emploie des formules identiques pour fixer la situation de l'héritier soit au point de vue du passif, soit au point de vue de l'actif.

On nous objecte encore l'article 873 qui ouvre un recours à l'héritier contre les légataires à titre universel pour leur part contributoire : cela implique bien, dit-on, que l'héritier légitime a pu être poursuivi, non seulement pour sa part contributive, mais aussi pour celle des légataires. Je réponds que ce texte ouvre à l'héritier le même recours contre son cohéritier légitime. Dès lors, l'argument prouve trop, puisqu'il tend à établir la solidarité entre les cohéritiers, ce qui est manifestement contraire à l'art. 1220.

Cette disposition de l'art. 873 se réfère à la partie du même texte qui déclare l'héritier poursuivable hypothécairement pour le tout. L'article signifie donc que le cohéritier qui a payé le tout par l'effet de l'action hypothécaire, a un recours, soit contre ses cohéritiers, soit contre les légataires à titre universel pour leur part contributoire. Cette décision est donc absolument étrangère à la question de la division de l'action personnelle des créanciers.

Mais, dit-on, les héritiers légitimes sont saisis légalement, tandis que les légataires sont obligés de demander la délivrance. Donc les premiers seuls sont les représentants du défunt. Il n'y a que la loi qui

puisse désigner un continuateur de la personnalité juridique du défunt. Je réponds que le légataire universel
qui n'est pas en concours avec un réservataire est
saisi de plein droit et soumis aux poursuites des
créanciers héréditaires, et il est clair que sa vocation
dérive de la volonté du testateur, et non pas de la loi.
Pourquoi donc n'en serait-il pas de même du légataire
à titre universel? Parce que le légataire est saisi en
vertu de l'art. 1005? Mais cette saisine est subordonnée, pour le testament olographe ou mystique, à
une demande d'envoi en possession. D'ailleurs il est
impossible d'expliquer rationnellement que la condition de la formalité d'une demande en délivrance, de
la part du légataire à titre universel, opère une différence radicale et essentielle entre le légataire à titre
universel et le légataire universel qui n'a pas de réservataires en face de lui. Comment expliquer que le
même légataire universel représente le défunt, s'il n'y
a pas de réservataires et cesse de le représenter pour
devenir un simple successeur aux biens, sous prétexte
qu'il se trouve à côté de lui un réservataire qui
ne recueille en fait qu'une partie minime de la succession.

La formalité de la demande en délivrance n'est
qu'une mesure de déférence envers l'héritier du sang,
mais il ne saurait en résulter un changement radical
dans la transmission du passif. Une fois la délivrance
opérée, la division des obligations du défunt s'opère
au regard du légataire universel, saisi ou non, ou du

légataire à titre universel, comme un regard d'un cohéritier légitime.

Voici enfin la dernière objection que nous rencontrons chez nos adversaires. Rien de plus facile, dit-on, que de diviser les poursuites entre les cohéritiers légitimes ; ils sont généralement connus, ainsi que leur degré de parenté par rapport au défunt ; leur part héréditaires est par cela même toute fixée d'après les termes mêmes de la loi. Mais les légataires à titre universel, et le montant de leurs legs ne sauraient être connus qu'après la demande en délivrance.

Comment donc et dans quelle mesure les créanciers héréditaires pourraient-ils se faire payer au lendemain du décès ? La saisine des héritiers leur donne donc le droit de demander le paiement pour le tout à ces cohéritiers. Ce droit, une fois acquis, ne peut êre modifié, altéré par l'effet d'une demande en délivrance qui est, par rapport à eux, une *res inter alios acta*.

Je réponds qu'il est aussi peu exact, en pratique de dire que les légataires sont inconnus jusqu'à la demande en délivrance, que de prétendre que les héritiers sont toujours connus. Sans doute, le légataire peut tarder plus ou moins à former sa demande en délivrance. Mais, en droit romain, un héritier ne pouvait-il pas également tarder à faire adition ? Ne pouvait-il pas arriver d'ailleurs que certains héritiers ne fussent institués que sous condition ? Ce retard, cette incertitude de vocation portait-elle atteinte à la division des dettes ? Chez nous aussi l'héritier peut tarder à prendre parti : il n'y en a pas moins une division des dettes entre tous les héritiers.

Si en fait les légataires sont inconnus, il est évident que la division ne se fera provisoirement qu'entre les héritiers connus ; mais, dès qu'ils se seront révélés, les conditions de la poursuite seront modifiées : il n'y a aucun droit acquis pour les créanciers héréditaires à maintenir la première division, qui dérivait de la force même des choses : *cessante causa, cessat effectus*.

Voir dans le sens de notre opinion les arrêts et les auteurs cités dans Demolombe, XVII, n° 38, *in fine*.

En faveur de l'opinion contraire qui permet aux créanciers héréditaires de poursuivre les héritiers pour le tout, sauf leur recours contre les légataires à titre universel, voy. *ibid.,* n° 37, *in fine*.

La même question se posait autrefois pour le cas de concours entre un héritier légitime et un successeur irrégulier, c'est-à-dire entre des parents légitimes et un ou plusieurs enfants naturels. L'opinion la plus juridique à nos yeux était celle qui, en vertu des mêmes motifs développés dans la question précédente, opérait la division du passif entre tous les successeurs, même irréguliers, et ne permettait auxi créancers héréditaires de poursuivre les cohéritiers légitimes que pour leur part. D'autres ne voyaient, dans les successeurs irréguliers, que de simples successeurs aux biens.

La question ne se pose plus aujourd'hui, puisque, en vertu de la loi du 26 mars 1896, les enfants naturels concourent, avec le titre d'héritiers, avec les parents légitimes. Ils ont la saisine de plein droit ; il est donc hors de doute qu'ils participent à la division des dettes, tout comme les héritiers légitimes.

CHAPITRE III

Les créanciers ont-ils le droit de saisir le bien de la succession, entre les mains d'un héritier quelconque qui les délient, pour se payer de tout leur dû, et sans avoir égard à la division des dettes entre les héritiers ?

L'affirmative a été soutenue par le conseiller Lafontaine dans la *Revue critique de législation et de jurisprudence* (1859, t. XV, p. 334 et s.). D'après cet auteur, l'action des créanciers héréditaires sur les biens de la succession, exercée en vertu des art. 2092 et 2093, est une action réelle. Ces créanciers peuvent s'adresser à l'un quelconque des héritiers détenant un bien héréditaire, meuble ou immeuble, et lui demander le paiement total ou l'abandon du lieu.

L'art. 2092, dit-on, donne aux créanciers un droit de gage général sur tous les biens de leur débiteur : ce droit de gage ne saurait être altéré par la circonstance que le débiteur est venu à mourir, et que sa succession a été acceptée. Cette acceptation peut bien avoir pour effet de donner une garantie de plus aux créanciers héréditaires, mais ils ne sauraient perdre le bénéfice de leur gage acquis. Un débiteur peut, malgré lui, changer de créancier (art. 1690 et suiv.), mais un créancier ne saurait malgré lui changer de débiteur (arg. de l'art. 1275).

Nous pensons qu'il y a lieu de distinguer, selon que l'on se place avant ou après le partage, et, pour plus de clarté, à raison d'une certaine difficulté, nous sous-distinguerons, bien que la solution doive être la même dans les deux cas, selon qu'il n'y a pas lieu à des rap_ports en moins prenant, ou qu'au contraire il y a lieu à ces rapports.

A. Première hypothèse : le partage n'a pas encore eu lieu.

1er cas. Il n'y a pas lieu à des rapports en moins prenant·

Tous les cohéritiers prennent alors une partie de l'actif de la succession, égale à leur part héréditaire. Comme ils prennent d'ailleurs une fraction égale du passif, il s'ensuit qu'en les poursuivant en bloc, chacun pour sa part du passif, les créanciers absorbent tout l'actif héréditaire.

Un créancier peut donc saisir un bien quelconque de la succession pour se payer du total de sa créance, à la seule condition de diriger sa poursuite contre tous les héritiers. De cette façon, il atteint toutes les parties indivises des héritiers dans ce bien, et par suite la totalité dudit bien.

Cette décision est conforme à ce passage de Guy Coquille (*Questions et Réponses sur les articles des coutumes*, 236) : « Les héritiers bons ménagers ont accoutumé, *avant que de partager*, de mettre à part, dans une masse, aucuns meubles ou autres biens héréditaires, pour satisfaire aux dettes. »

2e cas. Il y a lieu à des rapports en moins prenant. Dans ce cas, il est possible qu'un seul des cohéritiers absorbe, par les prélèvements auxquels il a droit, la presque totalité de l'actif, et qu'il ne reste plus rien à son cohéritier, débiteur de ce rapport. Ce dernier n'en est pas moins tenu de la moitié du passif héréditaire. Celui qui prend tout n'est tenu que de l'autre moitié; les créanciers peuvent-ils néanmoins saisir sur lui, afin de se payer de tout ce qui leur est dû, la totalité des biens héréditaires qu'il a recueillis? Nous admettons l'affirmative, et nous invoquons à cet effet deux arguments :

1º Les créanciers du défunt peuvent demander, contre les créanciers des héritiers, la séparation des patrimoines. Or, l'héritier à qui son cohéritier doit le rapport, est créancier de ce dernier en rapport. Donc les créanciers du défunt peuvent demander contre cet héritier la séparation des patrimoines.

2º Les créanciers ne peuvent pas demander le rapport; en un mot, le rapport est vis-à-vis d'eux une *res inter alios acta*, les biens donnés par le *de cujus* à l'un de ses successibles en avancement d'hoirie ne rentrent pas dans leur gage. Eh bien, s'ils ne peuvent pas exiger que la succession soit grossie du rapport, il est juste tout au moins qu'ils puissent s'opposer à ce qu'elle soit diminuée par la voie du rapport en moins prenant. En d'autres termes, s'ils ne peuvent pas profiter du rapport, il est logique qu'ils n'en souffrent pas. L'universalité des biens, telle qu'elle se comporte au décès, forme leur gage : puisqu'on en prohibe l'augmentation, il est équitable d'en prohiber la diminution par le rapport. (En sens contraire Civ. rej. 10 juillet 93 ; D. 94, 1, 5 (Affaire Rolland) et la note de M. de Loyne.)

B. Deuxième hypothèse : Le partage est consommé.

1er *cas.* Il n'y a pas lieu à des rapports en moins prenant.

Les créanciers héréditaires doivent diviser leurs poursuites entre tous les héritiers, c'est-à-dire qu'ils ne peuvent demander à chacun d'eux que sa part héréditaire. Si par l'effet d'adjudication ou de soultes, il arrivait qu'un cohéritier ait tous les biens de la succession dans son lot, les créanciers héréditaires n'en pourraient pas davantage le poursuivre au delà de sa part.

Nous verrons qu'il en est ainsi, même quand la séparation des patrimoines a été demandée : *a fortiori* cette solution doit-elle être appliquée, lorsqu'il y a confusion des patrimoines, ce qui est l'hypothèse traitée dans cette première partie.

2e *cas.* Il s'est produit des rapports en moins prenant, qui ont fait passer la plus grande partie de l'ac-

tif héréditaire dans le patrimoine d'un seul des héritiers, auquel ces rapports étaient dus.

Nous maintenons la même solution, c'est-à-dire que
les créanciers du défunt ne peuvent pas attaquer les
prélèvements qui ont été faits par un héritier.

En effet, les deux arguments qui déterminent la solution contraire pour l'époque de l'indivision, font ici
défaut :

1° Le cohéritier du successible avantagé a cessé
d'être créancier de ce dernier en rapport, et les créanciers héréditaires ne peuvent, à ce titre, demander la
séparation des patrimoines contre lui. En effet, il a été
payé par les prélèvements qu'il a faits, et la séparation
des patrimoines ne permet pas la répétition de ce qui
a été antérieurement payé par un héritier à ses créanciers.

2° On ne peut pas dire que l'universalité de la succession soit diminuée par l'effet du prélèvement, et que
l'héritier a diminué le gage des créanciers. Soit, en
effet, un prélèvement de 10. Sur ces 10, 5 appartenaient
à l'héritier-créancier du rapport, et il est clair que
dans cette mesure, les créanciers ne perdent pas leur
droit de gage; ils pourront les saisir en demandant au
besoin, pour se les assurer, la séparation des patrimoines.

Les 5 autres appartenaient à l'héritier soumis au
rapport.

Pourquoi donc l'héritier-créancier du rapport qui se
paie son dû avec ces 5, en serait-il comptable aux

créanciers héréditaires? Ces 5 font partie de sa fortune personnelle; il ne les tient pas du défunt, il les tient de son cohéritier, et comme ils lui ont été payés à un moment où ils n'étaient pas grevés de la séparation des patrimoines, ils ont échappé définitivement à l'effet de ce privilège.

J'ajoute que les héritiers avaient parfaitement le droit de faire ces prélèvements, qui sont des opéra-tions nécessaires du partage (art. 829, 830, 859, 868), et ils sont inattaquables, du moment qu'ils ont été faits sans fraude.

Certes, les créanciers héréditaires auraient pu inter-venir avant le partage et saisir tous les biens de la suc-cession en bloc sur les héritiers : s'ils ne l'ont pas fait, tant pis pour eux, ils n'ont qu'à s'en prendre à eux-mêmes de leur négligence. Ils ne pourraient se plain-dre qu'en cas de fraude (Sir. 66, 1, 361 ; 69, 2, 335), par exemple, si le partage avait été fait précipitam-ment, avant que les créanciers n'aient eu le temps de connaître la mort de leur débiteur et d'intervenir pour la sauvegarde de leurs droits.

Pour prouver cette précipitation frauduleuse, les créanciers pourront invoquer l'opposition faite par eux à l'un des héritiers (peut-être ne connaissaient-ils pas les autres), lorsqu'il résulte des circonstances que les autres héritiers en avaient connaissance (S. 56. 2. 631).

Si les héritiers invoquaient contre les créanciers l'absence d'opposition, ceux-ci répondraient avec rai-son que l'absence d'opposition vient de leur fraude, qu'ils seraient dès lors garants du préjudice résultant de la fin de non-recevoir et que, par conséquent, ils ne peuvent pas leur opposer ladite fin de non-recevoir. Cette solution est aussi équitable que logique : la fin de non recevoir établie par l'art. 882 contre l'action en nullité du partage, fondée sur la fraude faite aux droits des créanciers, est basée sur la négligence de ces derniers à faire opposition au partage ; cette base fait évidemment défaut, quand c'est la fraude des héritiers qui a empêché l'opposition.

CHAPITRE IV

Les créanciers héréditaires peuvent-ils s'opposer au partage tant qu'ils ne sont pas payés, ou que des mesures n'ont pas été prises pour assurer leur paiement ?

M. Demolombe admet la négative (t. XV, n° 215). Il invoque la division des dettes qui s'opère de plein droit à la mort du débiteur (art. 873 et 1220) et le droit pour chaque co-héritier de sortir d'indivision et d'obtenir sa part en nature (art. 815, 826, 832). Ce droit ne saurait être retardé par la prétention émise par les créanciers d'avoir leur paiement immédiat.

Qu'importe aux créanciers héréditaires, dit-il ? ils pourront demander la séparation des patrimoines après comme avant le partage. D'ailleurs rien ne les empêche d'intervenir au partage, d'en suivre les opérations, d'empêcher qu'on ne mette à dessein des biens faciles à dissimuler au lot d'un cohéritier insolvable (art. 882).

Nous préférons l'opinion contraire. Il n'est pas nécessaire, à nos yeux, pour que les créanciers héréditaires s'opposent au partage, qu'ils demandent la séparation des patrimoines; ils ne la réclameront que si des créanciers personnels des héritiers prétendent concourir avec eux. J'invoque l'autorité de Pothier. Cet auteur remarque qu'un créancier héréditaire est exposé à souffrir de l'insolvabilité de certains cohéritiers, à raison de la division des dettes, et il répond : « Ce créancier pouvait n'en pas souffrir, en arrêtant les biens de la succession avant le partage, et en veillant à en faire payer.» (Traité des Obligations, n° 310); V. dans le même sens Domat (Lois civiles, liv. I, tit. I, chap. 9, n° 12); Guy Coquille (Questions et réponses sur les coutumes, n° 334); Demante (III, n° 210 bis, III); Toullier et Duvergier (II, n° 410, note *a*).

Les héritiers ne pourront pas se plaindre de ce procédé. Si la succession est insolvable, il est juste que les créanciers soient payés avant que les héritiers n'en distraient une valeur quelconque.

Si la succession est donnée, les cohéritiers se partageront ce qui restera, les créanciers étant payés,

conformément à la maxime : « *Bona non intelliguntur nisi deducto non alieno* ».

D'ailleurs, à eux tous, les cohéritiers représentent le
défunt : il est logique qu'ils emploient, en corps en
quelque sorte, les biens de la succession à payer ce
que devait leur auteur commun.

J'ajoute que les art. 820, 821, 826 du Code civil,
906, 926, 931 et 934 du C. de proc. civ. permettant aux
créanciers, même avant le partage, de faire apposer
les scellés, de faire opposition à leur levée, et même
d'exercer des saisies-arrêts.

Il est vrai que les cohéritiers ont le droit de sortir
d'indivision, mais les créanciers héréditaires ont aussi
le droit d'être payés, et ce droit prime, en équité, celui
des héritiers qui luttent simplement *de lucro captando*. Les héritiers partageront plus tard ; ils ne sont
pas plus pressés que les créanciers.

. Mais, dit-on, rien n'empêche les créanciers d'intervenir au partage pour assurer la conservation de leurs
droits.

Je réponds que rien non plus ne les empêche d'intervenir avant. Cela est même prudent, car le hasard
pourrait faire tomber au lot des héritiers insolvables
des valeurs faciles à dissimuler, ce qui ferait perdre
aux créanciers la portion de leur créance qui incombe
à ces héritiers.

Enfin, je remarque que les créanciers héréditaires sont en même temps créanciers des héritiers, et maîtres, par conséquent, de l'action en partage qui leur compète, en vertu des articles 2092 et 1166. Ils peuvent donc mettre opposition en quelque sorte à cette action en partage, jusqu'à ce qu'ils soient payés.

D'ailleurs M. Demolombe réfute lui-même sa solution par le tempérament que la force des choses aussi bien que les dispositions précises des textes, le conduit à y apporter. Il décide que pour les meubles de la succession « qui pourraient être si facilement soustraits ou confondus avec les meubles des héritiers, les créanciers du défunt pourront requérir l'apposition ou l'opposition des scellés, et même exercer des saisies. N'est-ce pas là faire obstacle au partage !

Nous avons supposé jusqu'ici des créances certaines et exigibles. Mais que décider à l'égard des créanciers héréditaires dont les droits ne sont pas certains ou actuellement exigibles? On se pose sur ce point deux questions :

A. Si le créancier à terme est garanti par une hypothèque suffisante, peut-il demander une apposition ou une opposition de scellés, et troubler ainsi les arrangements amiables qui conviendraient aux héritiers ?

Toullier (t. II, n° 410) dit que non : à quoi bon ces mesures conservatoires, puisque son droit est conservé et assuré par l'hypothèque ?

Nous pensons le contraire. Tout créancier hypothécaire est en quelque sorte doublé d'un créancier chirographaire ; en cette dernière qualité il peut faire les actes conservatoires. Cela n'est pas inutile, car il n'est pas certain que son hypothèse soit suffisante : les immeubles hypothéqués peuvent périr ou diminuer considérablement de valeur, par l'effet d'un incendie par exemple. (En ce sens Duvergier sur Toullier, ibid. note *a.*)

B. Lorsque des créanciers à terme requièrent une apposition ou une opposition de scellés, les héritiers peuvent-ils écarter ces mesures conservatoires en leur donnant une sûreté suffisante, telle qu'une caution ou une hypothèque sur leurs propres immeubles ?

Toullier dit que oui.

Cette opinion nous paraît trop absolue dans le silence des textes. Nous pensons que les héritiers devront s'adresser à la justice qui ordonnera toutes les mesures propres à conserver les droits des créanciers, tout en laissant s'exercer ceux des héritiers.

Nous verrons d'ailleurs que la séparation des patrimoines peut être demandée par les créanciers à terme et même par les créanciers simplement conditionnels.

CHAPITRE V

*La clause d'un testament par laquelle le disposant grève
ses biens de substitution, fait-elle obstacle à la saisie
de ces biens sur l'héritier grevé ?*

Nous pensons que non.

La Cour de Paris a jugé le contraire dans l'espèce
suivante : Un père avait grevé de substitution, entre
les mains de son fils, qu'il instituait légataire universel, au profit des enfants à naître de ce dernier, la
quotité disponible, conformément à l'art. 1048.

Les créanciers du testateur ne demandèrent pas la
séparation des patrimoines et les immeubles héréditaires furent vendus. Le juge-commissaire colloqua
d'abord les créanciers du défunt inscrits sur ces
immeubles, puis les créanciers hypothécaires du fils,
et enfin, dans une même masse, à titre de créanciers
chirographaires de l'héritier, les créanciers chirographaires du défunt et de l'héritier. Or les créanciers
chirographaires du défunt, tout comme ceux de l'héritier, n'avaient été colloqués qu'éventuellement, c'est-
à-dire sous la condition de la défaillance de la substitution. Cette condition mise à la collocation, parfaitement logique pour les créanciers hypothécaires ou
chirographaires de l'héritier, souleva les protestations
des créanciers héréditaires. Ceux-ci soutinrent que
leur débiteur n'avait pu disposer de leur gage à leur
préjudice.

La Cour de Paris rejeta leur prétention, en disant que les créanciers héréditaires n'ayant pas invoqué la séparation des patrimoines, étaient devenus de simples créanciers personnels de l'héritier, et devaient être assimilés aux créanciers de ce dernier.

Cet arrêt a été cassé, et nous croyons que c'est avec raison (cass., 17 mars 1856. S. 56.1.593). La clause de substitution doit être en effet tenue pour nulle et non avenue au regard des créanciers héréditaires. Le testateur n'aurait pas pu, de son vivant, soustraire la totalité ou une quote-part de son patrimoine à l'atteinte de ses créanciers. Donc il ne pouvait pas davantage, soit directement, soit par le procédé détourné d'une clause de substitution, décider que lesdits biens leur échapperaient après sa mort.

Qu'on ne dise pas que les créanciers n'avaient qu'à demander la séparation des patrimoines. Cela n'était pas nié dans l'espèce. La séparation des patrimoines est demandée, nous le verrons, pour éviter le concours des créanciers personnels de l'héritier. Or cela n'était pas nécessaire, puisque, par l'effet de la clause, ces créanciers n'avaient rien à prétendre dans les biens grevés. Il n'aurait pu être question que d'une demande de séparation des patrimoines contre l'héritier lui-même. Mais une telle formalité n'est pas nécessaire, la loi ne l'exige pas. L'héritier en effet ne recueille les biens de la succession que sous l'obligation d'en acquitter les dettes (art. 724) : il ne saurait donc s'opposer à ce que les créanciers héréditaires viennent saisir les biens héréditaires contre lui pour se payer.

CHAPITRE VI

*Conflit entre les créanciers héréditaires et les légatai-
res.— Les créanciers hérédilaires ont-ils légalement
un droit de préférence à l'encontre des légataires ?
Sont-ils primés par l'hypothèque légale des légataires?*

Il y aurait lieu, pour une étude d'ensemble de cetto question, de distinguer plusieurs cas :

1⁰ Il y a séparation des patrimoines demandée, soit par les créanciers de la succession, soit par les léga-taires: nous renvoyons ce cas à notre 2ᵉ partie rela-tive à la séparation des patrimoines.

2⁰ Il y a acceptation de la succession sous bénéfice d'inventaire : nous renvoyons ce cas à notre 3ᵉ partie.

3⁰ Enfin nous arrivons au cas qui fait l'objet de notre présente partie : il y a confusion des patrimoines du défunt et de l'héritier.

Dans ce cas, les créanciers et les légataires concou-rent sur l'actif de l'héritier, qui comprend dans son ensemble les biens héréditaires.

Les créanciers héréditaires ne peuvent pas écarter les légataires en disant que l'actif du testateur est absorbé par son passif et que, par conséquent, les legs sont nuls.

En d'autres termes, ils ne peuvent pas soutenir que les légataires ne sauraient, sur la distribution du prix des deux catégories de biens confondues, plus que l'actif net du défunt, en prouvant la consistance de cet actif, conformément au Droit commun.

Cette solution implique que nous admettons l'affirmative dans la célèbre question de savoir si les légataires sont des créanciers ordinaires de l'héritier, ayant la faculté de le poursuivre *ultra vires* Sans entrer dans le détail de la controverse, qui nous ferait sortir de notre sujet, nous rappelons que les principaux arguments qui fondent cette solution, sont tirées des art. 724, 873, 783 et 802. Les légataires nuiront donc aux créanciers héréditaires, tout comme des créanciers chirographaires quelconques de l'héritier.

Les créanciers héréditaires ne pourront pas, pour les exclure du concours, invoquer la fameuse maxime : « *Nemo libéralis nisi libératus* ». Cette maxime suppose la séparation du patrimoine héréditaire ; c'est en effet seulement sur l'actif héréditaire que les créanciers de la succession peuvent primer les légataires. Mais, dans l'espèce, il n'y a pas d'actif héréditaire, il n'y a que l'actif du débiteur commun, l'héritier.

Mais ici se pose une grave question que nous allons examiner avec soin. Les créanciers héréditaires sont-ils primés par les légataires, si ceux-ci invoquent contre eux l'hypothèque dont il est question dans l'art. 1017 ?

Une première opinion dit que non, en se fondant sur l'axiome d'équité. que les legs ne sauraient être payés tant que les créanciers héréditaires ne sont pas complètement désintéressés « *nemo liberalis nisi liberatus* »,

L'opinion contraire, dit-on, aboutirait à enrichir les légataires aux dépens des créanciers.

On ajoute un argument tiré de l'art. 809 aux termes duquel, en cas de bénéfice d'inventaire, les légataires qui ont reçu leur paiement, doivent le restituer aux créanciers non payés, quoique ces derniers aient été négligents et ne se soient présentés qu'après la clôture du compte et le paiement du *reliquat*.

Cet article, dit-on, ne distingue pas selon que les légataires ont pris ou non une inscription hypothécaire.

Ce système ne me paraît pas juridique.

J'écarte d'abord l'argument tiré de l'art. 809 qui vise le cas de bénéfice d'inventaire. Ici les créanciers n'ont pas l'héritier pour débiteur ; l'équité veut donc qu'ils soient payés sur l'actif héréditaire par préférence aux légataires.

En supposant l'acceptation pure et simple de l'héritier, les créanciers héréditaires et les légataires deviennent créanciers personnels de l'héritier. Certes la règle « *nemo liberalis nisi liberatus* » s'appliquerait si la séparation des patrimoines avait été demandée. Mais, dans le cas contraire, qui forme précisément notre hypothèse, elle n'a pas lieu : il n'y a ni légataires, ni créanciers héréditaires ; il n'y a que des créanciers de l'héritier. Tout le monde admet que les légataires peuvent concourir avec les créanciers héréditaires au marc le franc, sur l'actif personnel de l'héritier. Peu importe donc que les uns, soient créanciers à raison d'un legs, et les autres par ce qu'ils ont contracté avec le défunt.. Cette distinction, qui est utile en cas de séparation des patrimoines ou de bénéfice d'inventaire, est indifférente dans notre hypothèse. L'art. 2092 ne fait aucune distinction entre les créanciers, à moins qu'il n'y ait entre eux des causes légitimes de préférence. Ces causes légitimes sont les privilèges et les hypothèques. Certes les créanciers héréditaires peuvent être privilégiés par la demande de séparation des patrimoines. Mais dans notre espèce, ce privilège n'a pas été conservé, tandis que les légataires ont requis régulièrement inscription.

Aussi une deuxième opinion admet-elle que les légataires, en vertu de leur hypothèque, doivent être préférés aux créanciers héréditaires. Mais cette solution, pour être logique, n'est-elle pas inique et contraire à l'esprit général de la loi qui est de ne payer les légataires qu'après les créanciers.

Ceux-ci, dira-t-on, ont été négligents en n'inscrivant pas la séparation des patrimoines dans les six mois du décès.

Mais est-ce contre les légataires que la séparation des patrimoines a été instituée, dans l'esprit comme dans la lettre de la loi ? Les art. 878 et 2111 disent que c'est contre les créanciers personnels des héritiers.

C'est sur ses propres biens que le testateur a légué: Or « *bona non intelliguntur nisi deducto œre alieno.* »

Il est manifestement contraire à l'équité de payer les légataires avant les créanciers.

Comment donc sortir de cet embarras ? Il n'y a à nos yeux qu'un moyen, c'est de nier nettement la prétendue hypothèque légale des légataires, et c'est ce que nous allons tâcher de faire.

A première vue, cette solution paraît formellement condamnée par l'art. 1017 aux termes duquel « Les héritiers sont tenus *hypothécairement pour le tout* de payer les legs ». N'est-ce pas dire que les légataires peuvent invoquer une hypothèque à l'encontre des héritiers, et que cette hypothèque est légale, puisqu'elle dérive directement de la loi ? Commençons donc par écarter l'argument basé sur ce texte.

En considérant attentivement cet article, on voit qu'il n'est pas *attributif* d'une hypothèque légale aux légataires. Il suppose cette hypothèque, et dit quels seront ses effets au cas où elle leur serait accordée, mais il n'a pas pour but de l'établir. Ce point est prouvé par l'historique de la rédaction de ce texte.

A l'art. 1017 correspondaient, dans le projet de la commission, 2 articles, les art. 99 et 100 du titre « des donations entre-vifs et testamentaires ».

L'art. 99, relatif à la portée de l'hypothèque, disait :
« L'héritier est tenu personnellement pour sa part et
portion, hypothécairement pour le tout ». Cet article
tranchait ainsi une controverse qui s'était élevée dans
notre ancien Droit, aussi bien dans les pays de Droit
écrit que dans les pays de Coutumes, sur la portée de
l'hypothèque des légataires. Il s'agissait de savoir si
l'héritier devait, à raison de l'hypothèque, payer les
legs pour le tout aux légataires, ou seulement pour sa
part héréditaire. Renusson (Traité des propres, chap. III,
sect. XII, n°s 10 et s.) et Bacquet (Traité des droits de
justice, chap. VIII, nombre 26) tenaient pour la première solution. Lebrun (Successions, liv. IV, chăp. II,
sect. IV, n° 4), Ricard (Donations, partie II, chap. I,
sect. IV, n° 25) et Pothier (Donations testamentaires,
chap. V, sect. III, art. 2, § 2) enseignaient la seconde).

L'art. 100 relatif à la nature de cette hypothèque,
disait : « L'hypothèque des légataires est légale et non
pas attachée aux formes de la disposition ; elle résulte
de la donation valablement faite, même sous seing
privé ».

Ce texte tranchait une question, débattue dans les
pays de Coutumes, celle de la nature de l'hypothèque
des légataires.

Était-elle légale et indépendante de la forme testamentaire, attachée en un mot aussi bien à un legs sous
seing privé qu'à un legs authentique? Ou bien était-
elle attachée à la forme authentique du legs, de telle

sorte que les légataires gratifiés par acte sous seing privé ne devaient pas bénéficier de l'hypothèque ?

La majorité des auteurs soutenaient la première opinion (Merlin V., Légataire § 6 n°s 13 et 15. Renusson (*loco cit.*) admettait la seconde.

L'art. 100 du projet consacrait le système généralement adopté. Mais cette disposition était en contradiction avec l'art. 42 du titre des privilèges et hypothèques, qui n'attachait l'hypothèque qu'aux dispositions testamentaires authentiques, et elle fut, par ce motif, supprimée par la section du Conseil d'Etat. Cette section a donc entendu simplement se référer, en ce qui touche l'hypothèque des légataires, aux dispositions qui seraient émises sur ce point au titre des « Privilèges et hypothèques ».

Quant à l'art. 99 du projet, il a été conservé et forme l'art. 1017 actuel.

Donc notre art. 1017 ne contient qu'une supposition de l'hypothèque. Il en règle les effets pour le cas où le titre des hypothèques la consacrerait. Il réserve de même la question de savoir si elle s'appliquera à tous les legs ou seulement aux legs faits en la forme authentique. En un mot l'art. 1017 ne fait que régler hypothétiquement les effets de l'hypothèque des légataires. Eh bien, la suppression de l'art. 1017 ne s'est pas réalisée. Le législateur, au titre des hypothèques, n'a pas reproduit la disposition de l'art. 42 du projet, il n'a pas établi d'hypothèque au profit des légataires. Donc la disposition de l'art. 1017 relativement aux effets de cette hypothèque, se trouve inutile; elle doit être considérée comme nulle et non avenue.

On comprendra mieux peut-être notre réfutation de l'argument tiré de l'art. 1017 par la comparaison suivante, que nous trouvons indiquée par MM. Aubry et Rau VII, p. 494 à la note.

L'art. 1017 ne donne pas plus d'hypothèque légale aux légataires que l'art. 873 n'en donne aux créanciers héréditaires quand il dit que les héritiers seront tenus de payer les dettes héréditaires, personnellement pour leur part et portion, hypothécairement pour le tout. On voit que c'est à peu près la même formule que celle de l'art. 1017.

Eh bien, la formule de l'art. 873 a-t-elle pour résultat de donner une hypothèque légale aux créanciers héréditaires ? Evidemment non ! nous l'avons démontré plus haut. Elle signifie simplement que, dans les cas où ils auraient une hypothèque, pour une cause ou pour une autre, cette hypothèque leur permettra de demander le total de leurs créances.

L'art. 1017 étant ainsi écarté du débat, ou tout au moins neutralisé, il nous faut maintenant fonder notre solution.

La loi a fait dans l'art. 2121 une énumération des hypothèques légales : il n'y est pas parlé des légataires.

Qu'on ne dise pas que c'est là un simple oubli ! Une telle explication est inadmissible, car :

1° Dans le projet même du titre des hypothèques, il y avait une disposition formelle, l'art. 42, qui visait les légataires, et leur accordait une hypothèque lorsqu'il s'agissait d'un testament authentique.

2º Quelques articles plus haut, dans l'art. 2111, le législateur s'est préoccupé de la question de garantir l'exécution des legs en cas d'insolvabilité de l'héritier. Dans l'intervalle entre les art. 2111 et 2121, qui ne comprend que 10 articles, le législateur n'a pas eu le temps d'oublier les légataires.

L'omission des légataires dans l'art. 2121 est donc voulue. Il n'a pas accordé d'hypothèque aux légataires, précisément parce qu'il venait de régler dans l'art. 2111 la question de la protection qu'il convenait de leur accorder, en leur permettant de demander la séparation des patrimoines. Il lui a paru que cette protection était suffisante, et que l'hypothèque légale ferait double emploi, et c'est ce qui va ressortir de la suite de notre discussion.

L'opinion contraire, en effet, qui donne aux légataires à la fois l'hypothèque légale et le bénéfice de la séparation des patrimoines, conduit à des résultats absurdes ou inutiles. Je dis d'abord qu'elle conduit à des décisions absurdes :

1º Par suite de cette hypothèque, les légataires vont être payés de leurs legs avant les créanciers, lesquels n'ont pas d'hypothèque légale : c'est ce que nous avons mis en relief au début de ce paragraphe. C'est vainement qu'on invoque, pour échapper à ce résultat l'adage « *Nemo liberalis nisi liberatus* ».

Cet adage n'a rien à faire ici : il suppose la séparation des patrimoines. Certes, quand cette séparation existe entre le patrimoine du défunt et celui de l'héritier, on peut dire que sur le patrimoine du défunt, le créancier héréditaire passera avant le légataire. Mais nous supposons la confusion des patrimoines, soit que la séparation des patrimoines n'ait pas été invoquée du tout par les créanciers, soit qu'elle l'ait été tardivement après l'inscription de la prétendue hypothèque légale des légataires.

Dans ce cas, les légataires, s'ils ont vainement une hypothèque, passeront avant les créanciers héréditaires : la conséquence est incalculable, et elle est en même temps la condamnation du point de départ.

2o Les légataires les premiers inscrits passent avant les autres légataires : or, est-il rationnel et équitable de faire de la préférence entre les légataires le prix de la course, de donner une prime à ceux que le hasard a fait informer plus tôt du décès du testateur ?

3o L'hypothèque étant indivisible en ce sens qu'elle permet, en cas de pluralité d'héritiers, de s'adresser à l'un quelconque d'entre eux pour obtenir le paiement total, tandis que dans l'opinion que nous avons admise, la séparation des patrimoines ne permet aux créanciers héréditaires de demander à l'un des héritiers, après le partage, que sa part dans la dette, le légataire se trouvera ainsi mieux traité que les créanciers héréditaires : cette décision est contraire à l'esprit général

du Code, qui est de traiter les créanciers plus favorablement que les légataires.

Je dis en deuxième lieu, que la solution contraire à
la nôtre, lorsqu'elle n'est pas absurde, est inutile. En
effet :

1° Veut-on tirer de l'hypothèque du légataire un
droit de préférence à l'encontre des créanciers personnels des héritiers ?

Mais la séparation des patrimoines que l'art. 2111
reconnaît aux légataires, remplit le même but, et
même d'une façon plus complète. En effet, le droit de
préférence qui résulte de la séparation des patrimoines
a un effet rétroactif : pourvu qu'elle soit inscrite dans
les six mois, elle prime les créanciers à qui l'héritier
a donné une hypothèque sur les immeubles héréditaires, et qui l'auraient inscrite avant l'inscription de
la séparation des patrimoines.

L'hypothèque qu'inscriraient les légataires serait au
contraire primée par les inscriptions hypothécaires des
créanciers de l'héritier.

2° Veut-on tirer de cette hypothèque un droit de
suite à l'encontre des tiers acquéreurs auxquels l'héritier aurait aliéné des biens héréditaires ?

Nous ferions la même réponse, car, dans notre opinion, la séparation des patrimoines est un véritable
privilège qui confère le droit de suite.

D'ailleurs, faisons beau jeu à nos adversaires et
admettons, conformément à l'opinion générale des auteurs, que la séparation des patrimoines ne comporte
pas le droit de suite. Nos adversaires n'échappent au

reproche d'inutilité, que pour encourir celui d'absurdité. Comment, voilà des légataires qui, en cas d'insolvabilité de l'héritier, iront se faire payer hypothécairement par les tiers détenteurs, tandis que les créanciers héréditaires demeureront impayés !

Et ce droit de suite, refusé à la séparation des patrimoines, on le ferait sortir de l'art. 1017, lequel vise un conflit entre les légataires et les héritiers, et nullement le conflit entre un légataire et un tiers acquéreur de biens héréditaires, c'est-à-dire qu'on ferait trancher la question du droit de suite par un texte qui ne le vise nullement.

Je conclus donc que les créanciers héréditaires ne sauraient être primés par l'hypothèque légale des légataires, par la raison bien simple que cette hypothèque n'existe pas. Ils ne pourraient subir la préférence des légataires, que si les légataires se procuraient du chef de l'héritier une hypothèque conventionnelle ou judiciaire. Mais il ne saurait alors se plaindre, car cette situation de faveur proviendrait, pour les légataires, de leur diligence à conserver leurs droits, et non pas de la loi elle-même, il ne tenait qu'aux créanciers de se procurer le même avanta

CHAPITRE VII

Du moyen ouvert par la loi aux créanciers héréditaires pour se faire payer sur l'actif de la succession, par préférence aux créanciers de l'héritier et aux légataires.

Ce moyen n'est autre que la séparation des patrimoines : nous y consacrons notre deuxième partie, à laquelle nous arrivons maintenant.

DEUXIÈME PARTIE

Cas où les créanciers héréditaires invoquent la séparation des patrimoines

La séparation des patrimoines est le remède essentiel qu'organise la loi pour protéger les créanciers héréditaires contre le préjudice résultant de la confusion du patrimoine du défunt, et de celui de l'héritier. Il consiste à donner à ces créanciers un droit de préférence à l'encontre des créanciers personnels de l'héritier.

Nous trouvons l'origine de ce bénéfice dans le Droit romain. Le *jus civile*, à la vérité, ne protégeait pas plus les créanciers héréditaires que l'héritier lui-même, contre le préjudice dérivant de la confusion des patrimoines : il n'avait accordé ni le bénéfice d'inventaire à celui-ci, ni la séparation des patrimoines à ceux-là. C'était à l'héritier à réfléchir avant de faire adition, comme aux créanciers héréditaires à prendre leurs précautions, et à exiger des sûretés en contractant. (Loi I. pr. D. de séparat). Mais le Droit prétorien est venu remédier à cette rigueur en imaginant la *bonorum separatio*, qui n'est autre que notre séparation des patrimoines.

Cette institution se justifie au triple point de vue de l'intérêt social, de l'équité et du Droit.

L'intérêt général commande de favoriser le crédit. Or, il y aurait une importante restriction, si les créan‑ciers devaient craindre, pour le cas de mort de leur débiteur, le concours d'un héritier insolvable.

L'équité, c'est-à-dire ici le respect des conventions, conduit à la même solution. Les créanciers hérédi‑taires ont aussi la foi du défunt, qu'ils tenaient pour un homme sérieux, habile aux affaires, fidèle à ses engagements. Quoi de plus contraire à l'exécution de leur convention, que de leur substituer tout à coup pour débiteur un homme insolvable, auquel ils n'au‑raient jamais consenti à faire crédit. Ils ont traité en considération de l'actif de leur débiteur, qu'ils savaient suffisant pour l'exécution de ses engagements, et voici qu'il s'agirait de substituer à ce gage, un actif illu‑soire, ou le nombre et l'importance des créanciers qui viendraient y concourir.

Enfin, en Droit, l'héritier appelé *in universum jus defuncti* n'a droit aux biens de la succession, que sous la condition d'en acquitter les dettes : *bona non intelliguntur nisi deducto œre alieno* (comp. art. 724, 2092). Ses créanciers personnels ne sauraient avoir plus de droits que lui (art. 1166) : ils ne peuvent donc pas prétendre à l'actif de la succession recueillie par leur débiteur, tant que les dettes de cette succession ne sont pas acquittées.

C'est en ce sens qu'on disait, dans notre ancien Droit, que la mort fixe l'état des biens et les dettes d'un homme. (Lebrun, successions, liv. IV, ch. II, s. I, n° 12).

Aussi cette institution a-t-elle passé dans notre ancienne jurisprudence. (Lebrun, *ibid*.. Domat, lois civiles, liv. I. tit. I, sect. IV; Pothier, successions, chap. V, art. 1), dans notre Droit intermédiaire. (L. 11 brumaire an VII, art. 14 n° 4; Merlin, Questions de Droit, V° Séparation des patrimoines § 1 et § 2), et enfin dans notre Code civil (art. 878-881, 2111).

Il faut mettre de suite en relief deux différences essentielles entre le Droit romain et le Droit français touchant le caractère de la séparation des patrimoines.

1° En Droit romain, elle n'avait pas lieu de plein droit sur la seule réclamation des créanciers; ils devaient la demander au Préteur. Nous verrons au contraire que, chez nous, du moins dans notre opinion, il n'y a aucune formalité judiciaire à remplir.

2° La séparation des patrimoines était à Rome une mesure collective : elle creusait un fossé entre deux catégories de biens, entre deux masses de créanciers, ceux du défunt et ceux de l'héritier. Ainsi c'était toute une masse de créanciers qui demandaient contre une autre la séparation, dans l'actif de l'héritier, de la fortune du défunt. Chez nous, la séparation des patrimoines est individuelle, à la fois, quant aux choses et quant aux personnes.

Quant aux choses, elle peut être invoquée, soit sur l'ensemble de l'actif héréditaire, soit sur un bien particulier quelconque qui en dépend.

Quant aux personnes, elle peut être réclamée, non pas seulement par tous les créanciers héréditaires collectivement, mais par l'un quelconque d'entre eux. De même, elle n'est pas nécessairement opposée à tous les créanciers des héritiers, elle peut l'être seulement à quelques-uns d'entre eux. Bien plus, un créancier héréditaire peut, après avoir admis le concours ou même la préférence de tel ou tel créancier de l'héritier, sur tel bien de la succession, lui opposer la séparation des patrimoines sur tel autre bien.

La séparation des patrimoines n'a pas lieu de plein droit. En règle générale, l'héritier, par la confusion des patrimoines, est substitué au défunt vis-à-vis des créanciers héréditaires. La loi ouvre seulement la faculté à ces créanciers, s'ils veulent se mettre à l'abri du concours des créanciers de l'héritier, d'invoquer la séparation des patrimoines.

Nous examinerons :

1° Comment la séparation des patrimoines est invoquée ;

2° Quels sont ses effets ;

3° Comment se perd le droit de l'invoquer.

Le sujet étant très vaste, nous ne concentrerons notre attention que sur un certain nombre de questions particulièrement délicates. Nous insisterons surtout sur le deuxième point. D'autre part, nous n'avons à nous occuper de la séparation des patrimoines, qu'en tant qu'elle intéresse les créanciers héréditaires : nous n'avons pas en effet à examiner la question de la protection des légataires.

CHAPITRE PREMIER

Comment est invoquée la séparation des patrimoines.

Nous examinerons sur ce point les quatre questions suivantes :

1º Dans quels cas la séparation des patrimoines peut être réclamée ;

2º Par qui ;

3º Contre qui ;

4º Sur quels biens ;

5º En quelle forme.

SECTION I. — Dans quels cas la séparation des patrimoines peut être réclamée.

Elle peut l'être toutes les fois que les créanciers héréditaires y ont intérêt.

Il n'y a pas à distinguer selon que l'héritier est solvable ou non, car cette question nécessiterait la discussion de ses biens. D'ailleurs, qu'importe qu'il soit solvable aujourd'hui ; il peut cesser de l'être demain, et il demeure toujours vrai de dire que les créanciers héréditaires n'ont pas suivi sa foi : tel est le véritable fondement de la séparation des patrimoines.

Primus succède à sa mère, qui est créancière de son père, à raison de la restitution de sa dot. Il est certain que les créanciers maternels peuvent demander la séparation des patrimoines pour ne pas concourir, sur le montant de cette créance, avec les créanciers personnels de Primus. Mais je suppose que, cette séparation des patrimoines n'ayant pas été invoquée, Primus succède à son père : la créance dotale va s'éteindre par confusion sur la tête de Primus, qui en devient titulaire, tant du côté passif que du côté actif. Pour faire revivre cette créance, d'une part, et, d'autre part, pour en avoir le profit exclusif, les créanciers maternels auront intérêt à faire séparer d'avec le patrimoine de l'héritier :

1° Le patrimoine du père ;

2° Celui de la mère.

Même question et même solution ; si c'est le père qui est créancier de la mère. Les créanciers paternels feront séparer du patrimoine de l'héritier :

1° Le patrimoine de la mère ;

2° Celui du père.

Les créanciers héréditaires peuvent-ils demander la séparation des patrimoines, lorsque la succession n'est acceptée, par l'héritier, que sous bénéfice d'inventaire ? C'est un point que nous traiterons dans la troisième partie.

Peuvent-ils la demander quand la succession est vacante ? Ils n'y ont évidemment pas d'intérêt, tant qu'elle demeure vacante. En effet, elle a pour objet d'obtenir un droit de préférence à l'encontre des créanciers personnels de l'héritier.

Or, dans l'espèce, les créanciers n'existent pas, puisqu'il n'y a pas d'héritier.

Mais il peut arriver que les délais de 6 mois et de 3 ans accordés pour invoquer ce bénéfice (art. 880 et 2111) viennent à expirer, de telle sorte que l'acceptation de l'héritier pourra se produire à un moment où la séparation des patrimoines aura perdu son effet utile. Les créanciers héréditaires n'ont-ils pas intérêt à l'invoquer dès la vacance en vue de cette éventualité ? C'est un point que nous verrons également dans notre troisième partie.

La caution devient héritière du débiteur principal : le créancier peut-il demander la séparation du patrimoine de ce dernier ? Evidemment oui, lorsqu'il y a intérêt, par exemple pour ne pas concourir avec les créanciers personnels de la caution, qui peut être actuellement insolvable (Demolombe, XVII, n° 150 et les autorités qu'il cite).

Réciproquement, si le débiteur principal devient héritier de la caution, les créanciers de celle-ci peuvent invoquer la séparation des patrimoines, pour ne pas concourir avec les créanciers du débiteur principal. Qu'on n'objecte pas que le cautionnement est éteint par confusion, parce que, précisément, la séparation des patrimoines supprime cette confusion.

SECTION .II — Par qui la séparation des patrimoines peut être invoquée.

En principe, tout créancier héréditaire peut l'invoquer (art. 878 et 2111).

Remarquons tout d'abord que ce droit appartient aux créanciers individuellement. Sans doute la totalité de ces créanciers ou quelques-uns d'entre eux pourront s'entendre à l'effet de la demander ensemble pour faire moins de frais. Mais cela n'a rien de nécessaire : un créancier isolé peut l'invoquer, et alors il en profite seul ; les autres créanciers héréditaires ne pourront se prévaloir de la séparation des patrimoines ainsi obtenue, à l'encontre des créanciers personnels de l'héritier ; c'est un point que nous développerons dans notre deuxième chapitre, à propos des effets de la séparation des patrimoines.

Il n'y a pas à distinguer selon la forme du titre qui constate la créance : peu importe, qu'il soit authentique ou sous-seing privé, exécutoire ou non. Moins le créancier trouve de garanties dans son titre, plus notre bénéfice présente pour lui d'utilité. Peu importe même que le créancier n'ait aucun titre : il se fera autoriser par ordonnance du Président du Tribunal, rendue sur requête, à inscrire la séparation des patrimoines, à titre provisoire et conservatoire, sous l'obligation, bien entendu, d'établir plus tard son droit (arg. des art. 558 et 872 C. de proc.). Voyez en ce sens Toulouse, 6 mars 1884 (D. 85. 2. 145) ; Agen, 18 juillet 1894 (D. 95. 2. 217 et la note de M. de Loyne).

Il n'y a pas davantage à distinguer selon l'objet de la créance. Le créancier d'une rente perpétuelle ou viagère pourra donc la demander, comme le créancier d'un capital. La séparation des patrimoines consistera alors à obtenir de l'héritier une sûreté quelconque (hypothèque, caution ou gage). Cass. 2 février 1885. (D. 85. 1. 286).

Peu importe également que les créanciers soient déjà garantis par des sûretés obtenues du défunt, telles que cautions ou hypothèques. Ces garanties peuvent être illusoires : la caution peut être insolvable, l'hypothèque insuffisante : la séparation des patrimoines permettra à un créancier hypothécaire du défunt d'obtenir un droit de préférence sur les biens de ce dernier qui échappent à son hypothèque, ou pour certains accessoires de sa créance, par exemple des intérêts qui ne sont pas garantis, ou pour écarter certains créanciers privilégiés de l'héritier qui passeraient avant lui (art. 2101).

Le droit pour les créanciers à terme de demander la séparation des patrimoines, n'est guère douteux. Si cela gêne l'héritier, il n'a qu'à faire un paiement anticipé.

Il est plus délicat de décider si les créanciers conditionnels peuvent demander la séparation des patrimoines *pendente conditione*. Nous admettons que oui, et c'est l'opinion générale. (L. IV. pr. D. de sépar.; Pothier, successions, chap. v, art. 4; Merlin, Repert. V° sép. des pat. § 2, n° 2; Demolombe XVII, n° 108).

La séparation des patrimoines est en effet une mesure conservatoire; or, l'art. 1180 donne la faculté aux créanciers conditionnels de prendre de telles mesures. Le dividende affecté aux créanciers conditionnels sera déposé à la Caisse des Dépôts et Consignations. Si la condition se réalise, le créancier retirera cette somme ; au cas contraire, elle sera distribuée aux autres créanciers héréditaires, sous forme de suppléments de dividendes, ou reviendra aux héritiers. On pourra encore procéder autrement. Le créancier conditionnel touchera le paiement de suite, en fournissant caution, de le restituer en cas de défaillance de la condition. Ou encore, les autres créanciers le toucheront en fournissant caution de le restituer au créancier conditionnel, si la condition s'accomplit. (Dufresne, n⁰ 22 ; Duranton, VII, n⁰ 471).

L'héritier peut-il, lorsqu'il est créancier du défunt, demander la séparation des patrimoines ? Il semble que la question ne se pose même pas ; la créance de l'héritier étant éteinte par confusion. Elle peut pourtant se poser dans deux cas :

1° En cas d'acceptation sous bénéfice d'inventaire, car ce bénéfice fait obstacle à la demande de séparation des patrimoines. Dans ce cas, il me semble que l'héritier ne saurait invoquer la séparation des patrimoines, afin d'exclure des biens héréditaires ses propres créanciers. En effet, si les créanciers de l'héritier ne peuvent pas, dans ce cas, atteindre directement les biens du défunt entre les mains de leur débiteur, ils peuvent les saisir par l'action de l'art. 1166, en exerçant la créance de leur débiteur. L'héritier ne saurait, sans dol, empêcher ses créanciers de saisir les biens qu'il tient de la succession, car ce serait vouloir bien leur soustraire une partie de son actif. Ce qui est vrai, c'est que, par l'effet du bénéfice d'inventaire, les créanciers de l'héritier ne peuvent pas se payer sur l'actif héréditaire, tant que les créanciers héréditaires ne sont pas payés, si ce n'est sur la portion de cet actif à laquelle l'héritier a droit comme créancier du défunt. (Demolombe XVII, n° 111).

2° En cas de pluralité d'héritiers. La confusion n'éteint qu'une partie de la créance du co-héritier créancier ; elle subsiste pour le reste contre ses cohéritiers, et, dans cette mesure, l'héritier créancier peut, comme tout créancier, demander la séparation des patrimoines. (Aubry et Rau VI, p. 472, note 5, et les autorités qu'ils citent).

SECTION III. — Contre qui la séparation des patrimoines peut être invoquée.

Distinguons selon que la demande de séparation des patrimoines a pour objet d'empêcher la déchéance de ce bénéfice, de le conserver, ou qu'elle a pour objet de l'exercer effectivement pour en obtenir les résultats positifs.

Au premier point de vue, elle peut être invoquée aussi bien contre l'héritier lui-même que contre ses créanciers. Nous traiterons ce point à propos des formes dans lesquelles la séparation des patrimoines doit-être réclamée.

Pour le second objet, elle ne peut-être exercée que contre les créanciers de l'héritier. Voyons ce dernier point.

§ 1er. — *De la demande tendant à se procurer le résultat effectif de la séparation des patrimoines.*

Cette demande peut être formée contre tout créancier de l'héritier (art. 878 et 2111).

Peu importe la faveur dont peut jouir en Droit commun ce créancier : la loi l'a peut-être entouré de garanties, lui conférant une hypothèque légale, un privilège général. Il n'en sera pas moins exclu des biens héréditaires par ce bénéfice, quand même il serait invoqué par le moins favorable des créanciers héréditaires.

Remarquons toutefois qu'un certain auteur (Dufresne, n° 46) refuse la séparation des patrimoines dans les deux cas suivants, où le créancier de l'héritier, paraît particulièrement favorable.

Premier cas. — L'héritier s'étant mis en possession de la succession, et les créanciers héréditaires n'ayant pas encore demandé la séparation des patrimoines, des créanciers personnels de l'héritier, privilégiés dans les termes de l'art. 2101, font commandement de payer à leur débiteur. Il est juste, dit M. Dufresne, de les mettre à l'abri de la séparation des patrimoines, car ces créanciers sont exceptionnellement favorables, et priment tous les autres, bien qu'ils ne soient que des créanciers personnels de l'héritier.

Il est vrai que ces créanciers sont favorables, mais ce n'est pas une raison pour leur sacrifier les créanciers séparatistes. L'intérêt de ces derniers n'est pas moins respectable : il est juste que l'actif du défunt, en vue duquel ils ont consenti à lui faire crédit, leur soit attribué exclusivement. Les créanciers dont on parle, ont beau mériter protection : ils ne sont jamais que des créanciers personnels de l'héritier ; ils ne sauraient donc primer les créanciers héréditaires sur l'actif de la succession.

J'ajoute que la solution contraire est purement arbitraire : la loi ne fait aucune distinction, et permet de demander la séparation des patrimoines contre tout créancier de l'héritier.

Deuxième cas. — L'héritier a fait construire des bâtiments sur des immeubles héréditaires, ou il a fait soigner des chevaux qui dépendent de la succession. Il est juste que l'architecte, le vétérinaire, ne souffrent pas de la séparation des patrimoines ; puisqu'ils ont conservé ou augmenté les biens héréditaires, ils doivent être préférés sur les valeurs mises ou conservées par eux dans le patrimoine du défunt, aux créanciers héréditaires. La séparation des patrimoines ne saurait leur nuire.

Nous admettons cette solution, mais ce n'est pas par le motif que la séparation des patrimoines ne peut être invoquée contre de tels créanciers doivent être assimilés à ceux du défunt. Pour mieux dire, ils sont créanciers de la masse des créanciers du défunt. L'héritier s'est en quelque sorte porté gérant d'affaires pour cette masse de créanciers, et, comme la gestion a été utilement faite, elle oblige ladite masse. (Comparer Aubry et Rau, p. 474, note 11.)

La séparation des patrimoines peut-elle être invoquée contre les créanciers d'un cessionnaire des droits héréditaires ?

Une première opinion soutient que oui, par la raison que le cessionnaire est aux lieu et place du cédant, avec ses charges comme avec ses droits. Dès lors, dit-on, les créanciers héréditaires peuvent exercer contre le cessionnaire, les mêmes droits que contre le cédant. (Lyon, 17 nov. 1850, s. 51, 2. 315 ; Barafort, n° 45 ; Dubreuil, chap. VIII, § 7, n° 9).

Nous écartons cette opinion. La séparation des patrimoines est un privilège qui ne saurait être exercé que contre un débiteur, pour éviter le concours de ses autres créanciers ; elle est formée vis-à-vis du débiteur et à l'encontre de ses créanciers personnels. Or le le cessionnaire est-il devenu le débiteur des créanciers héréditaires à la place de l'héritier ? L'affirmative nous paraît méconnaître le principe que les dettes ne se transmettent pas aux successeurs, à titre particulier. Un débiteur peut bien changer de créancier malgré lui (art. 1690), mais un créancier ne saurait, sans son consentement, changer de débiteur. Sans doute, le cessionnaire est tenu de supporter les charges héréditaires, mais il n'en est tenu que par rapport à son cédant. Il ne peut être atteint par les créanciers de la succession, que par la voie de l'action oblique de l'art. 1166. Je conclus que la séparation des patrimoines ne saurait être démandée contre le cessionnaire de droits successifs (Grenoble, 19 mars 1831, D. 32, 2,

106; Aubry et Rau, VI, p. 480, note 29 et les autorités citées; Dufresne, n° 113).

Mais, dit-on, la séparation des patrimoines, dans ce système, devient un bénéfice illusoire, car rien ne sera plus facile à l'héritier que de le rendre inutile en vendant la succession. Je réponds que les créanciers héréditaires, devenus créanciers de l'héritier, pourront intenter l'action paulienne contre cette aliénation frauduleuse. Qu'on ne dise pas que par cette action ils considèrent l'héritier comme leur débiteur, de cette sorte, qu'après avoir fait rentrer les biens dans son patrimoine, ils ne pourront plus demander à leur égard notre bénéfice. En effet, ils n'envisagent ici l'héritier comme leur débiteur, qu'à l'effet de lui reprocher une fraude tendant à les dépouiller de leur privilège : donc l'effet de cette action sera précisément de les réintégrer dans ce privilège. De plus, tant que le prix demeure dû par le cessionnaire, ils pourront, en dehors de toute condition de fraude, invoquer, sur cette créance du prix, qui remplace l'actif héréditaire dans le patrimoine de l'héritier, leur privilège de séparatistes.

Certains créanciers héréditaires peuvent-ils demander la séparation des patrimoines contre d'autres créanciers de la succession? En principe, ils n'y ont pas intérêt, car ils ne sauraient, de cette façon se procurer une préférence contre ceux des créanciers héréditaires qui ne demandent pas la séparation des patrimoines. Il en serait autrement, si certains créanciers s'étaient fait donner par l'héritier une hypothèque sur les biens héréditaires : les autres créanciers ont intérêt à demander la séparation des patrimoines pour faire tomber cette hypothèque, et réduire les créanciers qui se la sont fait attribuer au rôle commun de créanciers chirographaires du défunt. Dans ce cas, nous admettrons lesdits créanciers héréditaires à invoquer la séparation des patrimoines.

Peuvent-ils l'invoquer contre les légataires ? Sans aucun doute, et ils y ont grand intérêt, afin de pouvoir invoquer contre eux la maxime « *Nemo liberalis nisi liberatus* », et enlever aux légataires la faculté de concourir avec eux sur le partage de l'actif. Nous avons démontré, en effet, dans notre première partie, qu'en l'absence de séparation des patrimoines, les légataires concourent au marc le franc avec les créanciers héréditaires, car ils sont tous alors, créanciers personnels de l'héritier.

SECTION IV. — Sur quels biens la séparation des patrimoines peut être invoquée.

Elle peut être réclamée sur tous les biens composant l'actif du défunt. En effet, elle a pour but, d'après les termes mêmes du Code civil, de séparer le patrimoine du défunt d'avec celui de l'héritier (art. 878 et 2111).

Nous analyserons la formule précédente en deux règles :

1° La séparation des patrimoines peut être invoquée sur tous les biens de la succession ;

2° Elle ne peut être invoquée que sur ces biens.

Première règle. — La séparation des patrimoines peut être invoquée sur tous les biens de la succession.

C'est ce qu'exprimait déjà Lebrun par ces mots : « Elle comprend toutes les sortes de biens » (Successions, IV, chap. II, sect. I, n° 24). Ainsi elle s'applique aux meubles comme aux immeubles, aux biens incorporels comme aux choses corporelles.

Comprend-elle les fruits que les biens héréditaires ont produits postérieurement au décès ? Nous supposons qu'en fait, il n'y a pas eu confusion de ces fruits avec les biens personnels de l'héritier, et qu'il est possible d'en prouver l'origine ; autrement, non seulement la séparation des patrimoines ne pourrait plus être utilement demandée, mais, même si elle avait été invoquée avant la perception de ces fruits, elle cesserait de produire effet à leur égard (art. 880).

Nous pensons qu'elle s'applique aux fruits. Elle a en effet pour objet, de traiter les créanciers de la succession, en ce qui touche leur droit de gage sur le patrimoine héréditaire, comme si leur débiteur vivait encore : or, il est clair que, dans cette disposition, les fruits dont nous parlons seraient entrés dans leur gage. Les fruits sont un accessoire des biens qui les produisent, ils grossissent le patrimoine du débiteur et ainsi le gage de ses créanciers : or, ici, le véritable débiteur, c'est le défunt. C'est le cas de dire, en détournant un peu la maxime de sa véritable signification : « *Fructus augent hereditatem* ».

Qu'on n'objecte pas que les fruits n'ont jamais appartenu au défunt, et ne sauraient faire partie du gage de ses créanciers. Je réponds qu'ils lui appartiendraient si le défunt vivait encore.

Qu'on ne dise pas non plus que, par l'effet de la perception, les fruits ont été acquis par l'héritier, et sont entrés dans sa fortune personnelle, puisque, par hypothèse, les biens ont conservé leur individualité.

A quel titre en effet les aurait-il acquis ? Il n'est évidemment pas possesseur de bonne foi, puisqu'il est le véritable héritier. Ce ne peut être que comme propriétaire. Or, il n'est propriétaire que sous la déduction des biens nécessaires pour payer les créanciers héréditaires, et les accessoires de ces biens.

En ce sens : Caen, 26 février 1849 (S. 49.2.528 ; Aubry et Rau, p. 477, notes 21 et 22 ; Demolombe, n° 132.

Contra : Arrêt du Parlement de Paris, 16 février 1694, cité par Merlin. Repert. V° Séparation des patrimoines, § 4, n° 3 ; Grenier, Hypothèques II, n° 436 ; Massé et Vergé sur Zachariæ, II, p. 332).

Les créances qui appartiennent au défunt, tombent sous le coup de la séparation des patrimoines. Il n'en faut pas même excepter les créances que le défunt avait contre l'héritier. Qu'on n'objecte pas leur extinction par confusion, puisque l'effet de notre bénéfice est précisément de mettre à néant cette confusion.

(Cass., 16 juillet 1828. D. 28.1.330).

L'héritier a aliéné un bien héréditaire avant que la séparation des patrimoines ne soit invoquée : il est certain que l'acquéreur est à l'abri des poursuites des créanciers héréditaires qui seraient fondées sur la séparation des patrimoines.

Mais ces créanciers peuvent-ils invoquer la séparation des patrimoines à l'effet d'exclure, sur la distribution du prix, le concours des créanciers personnels de l'héritier ? Certes, si le prix a été payé par l'acquéreur, ou réglé d'une façon quelconque, par exemple par une compensation, les créanciers héréditaires ne pourront plus invoquer le bénéfice, parce qu'alors le prix s'est confondu dans le patrimoine de l'héritier. Il n'en serait autrement que, si, en fait, l'individualité des deniers, qui ont servi à payer le prix pouvait être établie, par exemple si le prix avait été payé en un sac ficelé et cacheté au nom de l'acquéreur, ou si celui-ci avait déposé son prix à la caisse des Dépôts et Consignations, à la suite d'offres réelles, on l'avait versé au syndic de la faillitte de l'héritier.

Si le prix est encore dû par l'acquéreur, nous pensons que les créanciers héréditaires peuvent demander la séparation des patrimoines, pour se le faire attribuer par préférence aux créanciers personnels de l'héritier.

Tel était l'ancien Droit (Lebrun, IV, chap. i, sect. i,

nº 25 ; Merlin Répert. Vº Séparation des patrimoines, § 3, nº 2).

Si notre législateur avait voulu y déroger, il l'aurait dit, Or, il déclare au contraire que la séparation des patrimoines comprend le patrimoine héréditaire ; or, la créance du prix remplace évidemment, dans ce patrimoine, le bien aliéné, conformément à la maxime « *in judicis universalibus, res. Succedit in locum pretii, et pretium in locum rei* »,

Qu'on n'objecte pas qu'en général un privilège dont un bien est grevé, ne se reporte pas sur le prix, en cas d'aliénation volontaire.

Cette règle, qui est d'ailleurs contestable, ne s'applique que lorsqu'il s'agit d'un privilège sur un bien particulier. Il n'a pas d'application quand il s'agit de toute une masse de biens ; or, la séparation des patrimoines comprend tous les biens laissés au décès et ceux qui en proviennent d'une façon quelconque, pourvu que l'origine soit certaine.

On prétend qu'en ce qui touche particulièrement les immeubles, notre solution est contraire à l'art. 880, aux termes duquel la séparation des patrimoines ne peut être demandée que tant qu'ils sont dans la main de l'héritier, et que, par conséquent, après leur aliénation, il ne saurait être question d'invoquer ce bénéfice sur le prix, même s'il est encore dû, car la loi ne distingue pas. Je réponds que tel n'est pas du tout le sens de l'art. 880. Il fait une opposition entre les meubles et les immeubles : il dit qu'au bout de trois ans, la séparation des patrimoines ne peut plus être demandée touchant les meubles, tandis qu'à l'égard des immeubles, elle peut l'être tant qu'ils sont dans les mains de l'héritier.

L'article a donc simplement pour objet de soustraire la séparation des patrimoines, en ce qui touche les immeubles, à la prescription de trois ans. La séparation des patrimoines a donc plus d'énergie à l'égard des immeubles qu'à l'égard des meubles; dès lors, si la créance du prix d'un meuble peut être frappée de la séparation, *a fortiori*, en est-il de même pour celle qui résulte de la vente d'un immeuble.

De même que nous admettons la substitution du prix au bien héréditaire aliéné, nous dirons que le bien acquis avec ce prix lui est subrogé; il suffit que l'origine des deniers qui ont servi à payer ce bien, réside certainement dans la succession.

Dans le sens de notre opinion : Aubry et Rau, p. 477, note 20, et les autorités qui y sont citées.

En sens contraire : Nancy, 2 mai 1850. S. 50. 2. 285 ; Dubreuil, Séparation des patrimoines, chap. VIII, § 1, n° 3; Valette, Privilèges et hypothèques, n° 86 (Laurent, t. X, XXIII, XXXVII).

La séparation des patrimoines n'est pas nécessairement invoquée sur tout l'ensemble de l'actif héréditaire; elle peut l'être à l'égard seulement d'un bien quelconque qui en dépend. Nous avons déjà remarqué qu'il y avait là une importante différence avec le système romain.

Seconde règle. — La séparation ne peut être invoquée que sur les biens héréditaires.

Il suit de là que ce bénéfice ne s'applique pas à la créance en rapport ou en réduction que l'un des héritiers pouvait avoir contre son cohéritier (art. 857 et 921). Sans doute les créanciers héréditaires, en tant que devenus créanciers de cet héritier, pourront de son chef exercer cette créance (art. 1166). Mais, précisément, parce qu'ils l'exercent de son chef, ils viendront en concours, sur le produit de cette action, avec les créanciers personnels de cet héritier.

En effet, cette action en réduction ou en rapport ne fait pas partie de l'actif héréditaire, ce n'est pas une créance de la succession. Bien que l'héritier, qui en est titulaire, n'y ait droit qu'à la condition d'accepter l'hérédité, cette créance lui est personnelle (mêmes articles 857 et 921).

Sous une autre forme, on peut dire que les biens qui font l'objet du rapport et de la réduction, rentrent à la vérité dans la masse héréditaire à partager entre les héritiers, mais ils n'y entrent que dans leur intérêt (Voy. Aubry et Rau, p. 478, note 23, et les autorités qui y sont citées).

De même ce bénéfice ne s'applique pas à la créance en dommages-intérêts qui appartient à l'héritier contre le meurtrier du défunt (Barafort, n° 139).

Section V. — En quelle forme la séparation des patrimoines doit être demandée.

A nos yeux, cette question, comme le remarque très bien M. Demolombe (XVII, n° 128) doit être subdivisée en deux autres :

1° Comment les créanciers héréditaires, sans exercer effectivement leur droit et tirer le profit de la séparation des patrimoines en réclamant le paiement, peuvent-ils le conserver, le mettre à l'abri des diverses causes de déchéance prononcées par l'art. 880 ?

2° Comment les créanciers héréditaires peuvent-ils pratiquement se faire payer, au moyen de la séparation des patrimoines, par préférence aux créanciers personnels de l'héritier ?

§ 1ᵉʳ. — 1ʳᵉ Question. — Comment les créanciers héréditaires peuvent-ils conserver le bénéfice de la séparation des patrimoines?

Nous supposons ici que ces créanciers ne réclament pas leur paiement : ils ne sont pas encore en conflit avec les créanciers personnels de l'héritier ; peut-être leurs créances ne sont-elles pas encore nées ou exigibles ; peut-être l'héritier, de son côté, n'a-t-il pas de dettes actuellement nées ou exigibles : les créanciers héréditaires veulent seulement sauvegarder leurs droits pour l'avenir. Comment le pourront-ils ?

Distinguons les meubles et les immeubles.

A) En ce qui touche les immeubles, les créanciers héréditaires conservent la séparation des patrimoines

par une inscription (art. 211) qui doit désigner spécialement les immeubles sur lesquels elle porte (Req.
28 janv. 95. D. 95.1.184). L'héritier ne saurait, se
prévalant de l'art. 2161, demander la réduction de cette
inscription, en disant que les immeubles grevés sont
plus que suffisants pour garantir les créanciers héréditaires. Il est possible, en effet, que de nouveaux
créanciers du défunt se révèlent par la suite ; l'art.
2161 est donc inapplicable (Paris, 17 avril 1884. D.
85.2.81).

Jusqu'à quelle époque cette inscription pourra-t-elle
être prise ? Il y a ici une apparente contradiction entre
les art. 880 et 2111. D'après l'art. 880, elle peut l'être
tant que les immeubles sont dans la main de l'héritier.
D'après l'art. 2111, elle ne peut l'être que dans les six
mois de l'ouverture de la succession.

De là, deux questions :

1° Lorsque les immeubles sont sortis de la main de
l'héritier, mais qu'il ne s'est pas encore écoulé six
mois depuis l'ouverture de la succession, les créanciers héréditaires peuvent-ils prendre inscription ?

2° Lorsqu'il s'est écoulé six mois depuis l'ouverture
de la succession, mais que les immeubles sont encore
dans la main de l'héritier, l'inscription peut-elle être
encore prise ?

Sur la première question, nous admettons la négative. Il est de principe, en effet, que le privilège ne
peut plus être inscrit, lorsque les circonstances sont
telles qu'il ne pourrait plus naître. L'immeuble étant
sorti du patrimoine de l'héritier, le privilège ne sau-

rait naître, donc il ne saurait être conservé par l'inscription (Arg. des art. 2146 et 2166. C. civ., 448 C. de Commerce).

Toutefois, certains auteurs attachent un effet rétroactif à l'inscription de la séparation des patrimoines, lorsqu'elle est prise dans les six mois du décès, c'est-à-dire qu'elle est alors réputée prise au jour même du décès.

Il est vrai que la séparation des patrimoines, inscrite ainsi dans les six mois du décès, prime les hypothèques antérieurement inscrites du chef de l'héritier ; mais il s'agit là du droit de préférence : ce n'est que l'application de la règle générale contenue dans l'art. 2095, aux termes de laquelle les privilèges priment les hypothèques même antérieurement inscrites. Quant au Droit de suite, la règle est dans l'art. 2166 : le privilège ne le confère que si l'inscription est antérieure à l'aliénation. Donc, l'héritier ayant aliéné un immeuble héréditaire, les créanciers de la succession ne peuvent plus prendre inscription quoiqu'ils soient encore dans les six mois du décès. L'immeuble, d'ailleurs, ne doit être considéré comme aliéné au regard des créanciers héréditaires, comme au regard de tiers quelconques, qu'après la transcription de l'acte d'aliénation (L. 23 mars 1855, art. 6, al. 1).

On objecte que l'art. 834 du Code de proc. civ. permet aux créanciers hypothécaires et privilégiés de prendre inscription jusqu'au quinzième jour qui suit la transcription, mais, je réponds que ce texte est expressément abrogé par cette loi de 1855.

On oppose encore l'alinéa 2 de l'art. 6 de la même loi de 1855, qui permet de prendre inscription du chef de l'aliénateur après la transcription de l'aliénation, lorsqu'il ne s'est pas écoulé quarante-cinq jours depuis la naissance du privilège. Je réponds que c'est là une disposition exceptionnelle qui ne doit pas être étendue en dehors de ses termes. Or l'exception ne vise que les privilèges du vendeur et du copartageant. En dehors de ces cas, c'est la règle contenue dans l'alinéa 1er de l'art. 6 qu'il faut appliquer, à savoir que la transcription de l'acte d'aliénation arrête le cours des inscriptions.

Sur la deuxième question au contraire, nous soutenons l'affirmative. J'appuie cette solution sur l'art. 880 que l'art. 2111 n'a certainement pas voulu modifier sur le point qui nous occupe : nous y lisons en effet ces mots « conformément à l'art. 878 », qui impliquent que les rédacteurs du Code civil ont entendu maintenir le système de la séparation des patrimoines, organisé au titre des successions (art. 878-880). Donc, même après l'expiration des six mois du décès, les créanciers héréditaires peuvent prendre inscription sur les immeubles héréditaires restés entre les mains de l'héritier.

Merlin soutient le contraire (Questions de Droit, Vo, séparation des patrimoines, § 2). D'après cet auteur, l'art. 2111 modifie l'art. 880, en ce sens que dès qu'il s'est écoulé six mois depuis l'ouverture de la succession, les créanciers héréditaires ne peuvent plus prendre inscription (Voy. dans le même sens Grenier, Hypothèques, II, no 432 ; Chabot, art. 880, no 9).

6

Je réponds qu'il faudrait une contradiction formelle entre les art. 880 et 2111 pour qu'il fût permis de considérer le second comme abrogeant le premier. Or, rien n'est plus facile que de les concilier. L'immeuble a-t-il été aliéné? Il est impossible de prendre inscription, même dans les six mois du décès. Est-il encore dans le patrimoine de l'héritier ? On prendra inscription, soit qu'on se trouve dans les six mois du décès, soit que ce délai soit expiré. Seulement, dans ce dernier cas, l'inscription n'aura rang qu'à sa date, comme une inscription hypothécaire, tandis qu'au premier cas, elle primera même les inscriptions antérieures, à titre d'inscription de privilège (art. 2095). Voir en ce sens Demolombe, XVII, n° 141, et les autorités citées. Ajoutez Aix, 4 décembre 1893 (D. 95, 2, 273 et la note de M. de Loyne).

L'inscription suffit-elle, ou faut-il de plus que les créanciers héréditaires forment une demande en justice, à fin de séparation des patrimoines? Certains auteurs exigent cette action qui, d'ailleurs, peut être formée, soit d'une façon principale, soit d'une façon incidente. Une exception même pourrait suffire; mais il faut, dans tous les cas, l'intervention de la justice. (Aubry et Rau, VI, p. 476, note 19, et les autorités citées.)

Cette opinion ne nous paraît pas exacte. La séparation des patrimoines est un privilège, et doit être traitée ici comme les privilèges ordinaires sur les immeubles. Il suffit donc de l'inscrire, il n'est pas nécessaire de demander, soit avant, soit après l'inscription, la reconnaissance de ce privilège à la justice. (Metz, 27 mai 1868, S. LXVIII, 2, 28; Lebrun, Hypothèques, chap. XII, p. 61.)

B. En ce qui touche les meubles, la loi n'a pas dit comment se conservait la séparation des patrimoines.

Le privilège est alors très fragile, car il est exposé à s'évanouir par l'effet d'une aliénation faite à un acquéreur de bonne foi (art. 2279).

On se demande si, pour obvier à ce danger, les créanciers héréditaires ne peuvent pas demander des garanties à l'héritier. C'est un point qui donne lieu à une controverse; nous la retrouverons bientôt à propos des effets de la séparation des patrimoines (chap. II) : notre solution est que les créanciers héréditaires peuvent s'adresser à la justice qui fixera, selon les cas, les mesures conservatoires à prendre.

D'autre part, pour éviter la déchéance que prononce la loi lorsqu'il s'est écoulé trois ans après le décès (art. 880), nous pensons qu'il suffira aux créanciers héréditaires de faire une notification à l'héritier par acte extrajudiciaire, c'est-à-dire par simple exploit d'huissier, de leur intention de sauvegarder leurs droits, quant à la séparation des patrimoines.

§ 2. — *Comment les créanciers héréditaires peuvent exercer, d'une façon effective, le droit de séparation des patrimoines*

Nous pensons que ce droit doit être invoqué, non pas contre l'héritier lui-même, mais contre ses créanciers

personnels, car il s'agit de pratiquer un droit de préférence contre ces derniers.

, Il n'y a pas besoin pour cela d'une demande en jus-
ice. Cette condition n'est pas exigée par la loi pour les
privilèges : or, la séparation des patrimoines doit être
soumise aux règles ordinaires des privilèges, par cela
seul que la loi n'y a pas dérogé. (Trib. de Nérac,
25 mars 1890 (D. 92, 3, 30, et la note 2 qui indique les
autorités.)

Mais, dit-on, la condition d'une demande en justice
résulte des termes mêmes de la loi (art. 878, 881, 2111),
où nous lisons que les créanciers héréditaires peuvent
demander la séparation des patrimoines, que *l'action*
peut être exercée sous certaines conditions : n'est-ce
pas exiger bien nettement l'intervention de la justice ?

Je réponds que ces expressions s'expliquent histori-
quement. Notre ancienne jurisprudence, au début, avait
soumis la séparation des patrimoines à une demande
en justice; il fallait des lettres de chancellerie pour
pouvoir l'invoquer. Toutes les fois, en effet, qu'on se
prévalait d'un bénéfice ayant son origine dans le Droit
romain, et non dans le Droit coutumier, il fallait remplir cette condition. C'est ainsi qu'on exigeait des lettres
de justice pour l'acceptation d'une succession, sous
bénéfice d'inventaire, pour la rescision d'une vente
entachée de lésions (Lebrun, Successions, liv. IV,
chap. i, sect. i, n° 25). Mais de bonne heure cette formalité cessa d'être requise pour la séparation des patri-

moines. Ainsi, Lebrun (*ibid.*) nous dit que la séparation des patrimoines, de son temps, a lieu de plein
droit, et n'est pas sujette à demande. Nous lisons de
même, dans le Traité des Hypothèques, de Basnage
(chap. XIII, page 61) : « Il n'est pas besoin de demander la séparation des biens immeubles du défunt et de
son héritier. » Ajoutons que la loi du 7 septembre
1790, a formellement aboli l'usage des lettres de chancellerie.

Il est donc bien certain que, si les rédacteurs du
Code civil avaient voulu rétablir la formalité de la
demande en justice, ils l'auraient dit formellement,
car l'usage contraire se trouvait à l'époque de cette
rédaction, parfaitement établi.

Mais, comment expliquer les expressions précitées
des art. 878, 880, 881, 2111? C'est que l'ancienne
expression « demande ou action en séparation des patrimoines » s'était maintenue dans la pratique, bien
qu'elle ne répondit plus à la réalité des choses. Lebrun
lui-même, qui signale le changement de jurisprudence
et l'absence de toute formalité judiciaire, emploie cou-
ramment les mêmes expressions. Notre législateur a
employé le même langage, sans vouloir évidemment
lui donner un autre sens, que nos anciens auteurs lui
donnaient. Donc, quand le législateur dit que les
créanciers peuvent former une action en séparation
des patrimoines, il entend simplement qu'ils peuvent
invoquer le privilège qui y est attaché.

Les créanciers héréditaires, qui se prévalent de ce bénéfice, viendront donc aux ordres et aux contributions, comme tous les créanciers privilégiés, par une simple production de leurs titres (C. proc. civ., art. 656 et suiv., 749). Il n'y aura lieu à débat judiciaire que si les créanciers héréditaires se voient contester leurs créances ; mais c'est la pure application du droit commun (C. proc. civ., art. 666 et 758).

La majorité des auteurs exigent au contraire une demande ou une exception soumise à la justice (Aubry et Rau, VI, p. 476, note 19 et les autorités citées). Seulement, ils ne s'entendent plus sur le point de savoir vis-à-vis de qui la demande sera formée.

Il y a trois systèmes :

Une première opinion veut qu'elle soit formée contre l'héritier lui-même, envisagé comme représentant l'ensemble de ses créances personnelles. C'est à cette seule condition qu'elle peut être conservée et mise à l'abri des causes de déchéance établies par les art. 880 et 2111. S'il fallait, en effet, la diriger contre les créanciers personnels de l'héritier, on se heurterait à une impossibilité au cas où ces créanciers sont inconnus, ou encore dans le cas où l'héritier n'a pas de créanciers du tout, et les créanciers héréditaires verront arriver le terme fatal après lequel ils ne pourront plus invoquer leur bénéfice, alors qu'ils ne pouvaient rien faire pour le conserver. Il est vrai, ajoutet-on, que l'art. 878 déclare que la séparation des patrimoines est demandée contre les créanciers de l'héritier, mais c'est que la loi envisage le résultat de notre bénéfice. C'est, en effet. au préjudice des créanciers personnels de l'héritier que tourne la séparation des patrimoines. alors même qu'elle est demandée contre l'héritier lui-même (En ce sens Dalloz. Répert. V° Successions. n° 1411 et les autorités citées).

Une seconde opinion distingue selon que l'héritier a ou non des créanciers connus.

Au premier cas, la demande doit être faite contre ces créanciers.

Au deuxième cas, elle doit être formée contre l'héritier lui-même (En ce sens, Paris, 31 juillet 1852 ; S. 55, 2, 693 ; Dufresne, n°ˢ 9 et 35). Cette opinion, qui n'est que la combinaison de la précédente avec celle qui suit, se trouve écartée par la réfutation de ces deux systèmes.

Enfin, la troisième opinion est que la séparation des patrimoines doit être demandée contre les créanciers de l'héritier. En effet, dit-on, elle ne saurait l'être contre l'héritier lui-même. Celui-ci n'a aucun intérêt à y résister, car il ne saurait distraire quoi que ce soit de la succession pour son profit personnel à l'encontre des créanciers héréditaires ; ce sont ses créanciers seuls qui en souffrent par la privation de toute participation à la distribution de l'actif héréditaire, et par suite, ils ont seuls intérêt à contredire à la demande ; l'héritier, leur débiteur, ne le représente pas sur ce point, puisqu'il n'a pas lui-même intérêt. D'ailleurs, l'art. 878

dit formellement que la demande de séparation de
patrimoine est dirigée contre les créanciers de l'héritier (Aubry et Rau, VI, p. 475, note 16 et les autorités
citées).

Je reconnais qu'en tant qu'il s'agit d'exécuter effectivement la séparation des patrimoines, c'est contre
les créanciers personnels de l'héritier qu'elle est invoquée, et non contre l'héritier lui-même. Mais il n'y a
pas besoin pour cela d'une demande en justice. Cette
expression n'est dans le Code, qu'un souvenir de langage traditionnel, qui, dès la fin de notre ancien Droit,
avait perdu sa signification primitive.

CHAPITRE II

Effet de la séparation des patrimoines

La question qui domine cette matière est de savoir
si la séparation des patrimoines constitue un véritable
privilège.

Rappelons, pour montrer l'intérêt de la question, que
le privilège produit trois effets principaux.

Le droit de préférence, par lequel le créancier privilégié se fait payer avant tous les autres (art. 2095).

Le droit de suite, qui lui permet de saisir le bien
grevé de privilège entre les mains des tiers détenteurs,

sauf, en matière de meubles, la fin de non-recevoir tirée de l'art. 2279.

L'indivisibilité, qui lui permet de se payer le total de sa créance sur le prix du bien grevé ou d'une partie de ce bien (combinaison des art. 2095 et 2114).

Nous prétendons que la séparation des patrimoines est un véritable privilège et qu'elle en produit tous les effets.

Section I. — Droit de préférence.

Sur ce point, il n'y a pas de difficulté : tout le monde le reconnaît.

Cette solution s'appuie, en effet, sur des textes formels, les art. 878 et 2111.

Remarquons que le droit de préférence est le principal attribut du privilège, celui que la loi met en relief dans la définition contenue dans l'art. 2095 : « Le privilège est un droit que la qualité de la créance donne à un créancier d'être préféré aux autres créanciers, même hypothécaires ?

Nous pouvons donc tirer argument de ce premier effet pour dire que la séparation des patrimoines est bien un privilège.

Section II. — Droit de suite.

Si le caractère du droit de préférence n'est pas contesté à la séparation des patrimoines, il est loin d'en être ainsi pour le droit de suite.

Distinguons les immeubles et les meubles.

§ 1er. — *Du droit de suite en ce qui concerne les immeubles.*

Fixons bien l'hypothèse. Un créancier héréditaire Primus a pris inscription en temps utile, c'est-à-dire alors que les immeubles de la succession appartiennent à l'héritier.

L'héritier aliène ensuite l'un de ces immeubles à Secundus.

Primus peut-il faire à Secundus la sommation de délaisser ou de payer conformément à l'art. 2168 ?

Il y a sur cette question deux opinions bien tranchées : l'une refuse à la séparation des patrimonies le droit de suite, l'autre le lui reconnaît.

Première opinion. — La séparation des patrimoines ne confère pas le droit de suite.

Ce système invoque deux catégories d'arguments : les uns sont tirés de la nature de la séparation des patrimoines, de son but, les autres sont puisés dans les textes mêmes de la loi.

1° Le but de la séparation des patrimoines est d'obvier au préjudice pouvant résulter pour les créanciers héréditaires de la confusion des patrimoines, qui amènerait les créanciers de l'héritier à concourir avec eux sur l'actif de la succession. C'est seulement contre ce préjudice que la loi a voulu les prémunir, et non pas contre le danger provenant de l'aliénation des biens héréditaires par l'héritier.

En d'autres termes, la loi a voulu maintenir le droit de gage qui leur appartient, conformément à l'art. 2092 sur l'actif de leur débiteur, leur permettre de saisir les biens de leur débiteur et de se payer sur le prix comme s'il vivait encore; par conséquent, d'exclure les créanciers de l'héritier.

Le législateur a permis aux héritiers de conserver le *statu quo* à cet égard.

Mais il ne s'agit pas de mettre ces créanciers à l'abri des aliénations. En effet, si le débiteur vivait encore, il pourrait réduire également, et même anéantir le gage de ses créanciers par des aliénations. Il n'y a donc pas de raison pour que l'héritier, continuateur de la personne du défunt, ne puisse pas également aliéner.

Ainsi la séparation des patrimoines ne change pas la nature du droit des créanciers héréditaires; elle ne saurait transformer un créancier chirographaire en créancier privilégié ou hypothécaire.

2° Les textes mêmes de la loi limitent au droit de préférence l'effet de la séparation des patrimoines.

Dans les diverses énumérations des privilèges, nous ne voyons pas figurer la séparation des patrimoines. Elle n'est mentionnée ni dans l'art. 2101 qui énonce les privilèges généraux, ni dans l'art. 2102 qui énonce les privilèges spéciaux sur les meubles, ni dans l'art. 2103 qui énonce les privilèges spéciaux sur les immeubles.

Il est vrai que l'art. 2111 qualifie de « privilège » le bénéfice de la séparation des patrimoines, mais cet article est compris dans la sect. IV où les privilèges ne sont envisagés qu'au point de vue du droit de préférence. Cela résulte des premiers mots de l'art. 2106 qui commence cette section : « *Entre les créanciers,* les privilèges ne produisent d'effet, etc. » Il s'agit donc uniquement ici des effets du privilège par rapport aux créanciers, et nullement de ses effets à l'égard des tiers acquéreurs.

D'ailleurs le texte même de l'art. 2111 montre que le législateur n'a envisagé que le point de vue du droit de préférence, car il parle de la conservation du bénéfice de la séparation des patrimoines « à l'égard des créanciers des héritiers ou représentants du défunt. »

De même, l'art. 878 déclare que les créanciers de la succession « peuvent demander dans tous les cas et *contre tout créancier,* la séparation du patrimoine du défunt d'avec celui de l'héritier ! »

Enfin, l'art. 881 ne montre pas moins dans le même sens, la pensée de la loi en disant : « Les créanciers de l'héritier ne sont pas admis à demander la séparation des patrimoines contre les créanciers de la succession. » On voit que le seul but de la loi, d'après son texte même, est de régler le conflit entre les créanciers du défunt et ceux de l'héritier ; en un mot, de trancher une question de droit de préférence.

Nous citerons en ce sens les autorités suivantes :

Aubry et Rau, 4ᵉ édit. VI, p. 501, note 67.

Cabantous, Revue de Législation, IV p. 40.

Dollinger, Séparation des patrimoines, n° 44 *bis*.

Dufresne, nᵒˢ 89-94.

Grenier, Privilèges et hypothèques II, n° 219.

Mourlon, Examen critique du Commentaire de Troplong, nᵒˢ 307 et 316.

Pont, Privilèges et Hypothèques, art. 2106 et
2111, n° 8.

Sirey, 1841. 2. 516 (note).

Troplong, Privilèges et Hypothèques, 1, nᵒˢ 323-327.

Seconde opinion. — La séparation des patrimoines
confère le droit de suite.

C'est la solution que nous nous proposons de soutenir. J'invoquerai d'abord les précédents historiques,
et ensuite, tout comme nos adversaires, l'esprit et le
texte de la loi.

En Droit romain on ne validait les aliénations de
biens héréditaires par l'héritier que lorsqu'elles avaient
eu lieu *medio tempore*, c'est-à dire dans l'intervalle
entre l'ouverture de la succession et la *missio in possessionem bonorum defuncti* accordée par le Prèteur
aux créanciers héréditaires.

Après cette *missio in possessionem*, l'héritier se
trouvait dessaisi des biens héréditaires et ne pouvait
les aliéner. (L. 2. D. h. t.).

Nos anciens auteurs ont traduit cela en disant que la

séparation des patrimoines pouvait être demandée
« tant que les biens héréditaires existaient dans les
mains de l'héritier ». Cette formule a été reproduite,
évidemment avec le même sens, par l'art. 880 du
C. civ. Elle signifie donc que, tant que l'héritier n'a
pas aliéné les biens héréditaires, la séparation des
patrimoines peut être utilement demandée par les
créanciers de la succession relativement à ces biens.
Mais, après cette aliénation, il est trop tard pour
demander la séparation en ce qui touche le bien
aliéné.

Ainsi tant que les biens héréditaires n'ont pas été
aliénés par l'héritier, les créanciers de la succession
peuvent demander la séparation des patrimoines, et
cette opération fera obstacle désormais aux aliénations
ou plus exactement, les aliénations consenties postérieurement ne seront pas opposables aux créanciers
séparatistes.

Au reste, cette institution n'avait reçu, dans notre
ancien droit, aucune réglementation. Il en est de même
pour la période révolutionnaire. La loi de brumaire,
an VII, qui avait organisé, d'une façon très large, la
publicité des charges immobilières, ne parle pas de la
séparation des patrimoines.

C'est seulement le Code civil qui, dans les art. 2111
et 2113 a qualifié la séparation des patrimoines de privilège et d'hypothèque, en l'assujettissant, conformément au droit commun, à l'inscription.

J'invoque en second lieu l'esprit du Code civil.

En instituant la séparation des patrimoines, le légis
lateur a voulu donner aux créanciers héréditaires
qui ont suivi la foi du défunt et non celle de l'héritier, une garantie sérieuse sur l'actif héréditaire.

Or, avec l'opinion contraire, cette garantie serait
illusoire, puisque, malgré sa diligence à prendre inscription dans les six mois fixés par l'art. 2111, un
créancier héréditaire verrait son droit s'évanouir par
l'effet des aliénations consenties par l'héritier.

Les partisans de l'opinion contraire répondent que
le péril n'est pas aussi grave qu'il le semble, car de
deux choses l'une : Ou bien l'aliénation a eu lieu à
titre gratuit, et, dans ce cas, le créancier a l'action
paulienne pour la faire révoquer; ou bien, elle a eu
lieu à titre onéreux, et alors le créancier n'aura qu'à
faire opposition au paiement du prix, et à exercer son
droit de préférence sur ce prix.

J'objecte que pour le premier cas, la protection est
insuffisante, car, d'une part, il faut que le créancier
prouve la fraude du débiteur, et d'autre part, l'action
paulienne appartient non seulement aux créanciers
héréditaires, mais aussi aux créanciers personnels de
l'héritier, de telle sorte que le concours que la séparation des patrimoines avait pour objet d'éviter, se produire sur l'action paulienne. En effet, cette action fera
rentrer le bien donné, non pas dans le patrimoine du
défunt, mais dans celui de l'héritier.

Quant au deuxième cas, je remarque que le prix
peut être insignifiant, et, que, fut-il égal à la véritable

valeur, il aura pu être payé comptant, ce qui exclut la saisie-arrêt. Quoi de plus facile pour l'héritier que de vendre à vil prix au comptant un immeuble de la succession ! Dans ces conditions, la séparation des patrimoines ne sera, comme le remarque très bien M. Demolombe (XVII, n° 209), qu'un recours dérisoire et un vain mot.

Un **auteur** de l'opinion adverse (Dufresne, n° 89) soutient, pour empêcher ce résultat, que l'acquéreur n'a pas le droit de payer son prix pendant les six mois accordés par l'art. 2111 pour l'inscription de la séparation des patrimoines, et que, s'il opérait ce paiement, ce paiement serait nul et devrait être recommencé entre les mains des créanciers séparatistes.

Mais n'est-ce pas dire alors que la séparation des patrimoines est opposable au tiers acquéreur, et qu'elle comporte le droit de suite ?

Il est évident que ce droit reconnu par Dufresne ne saurait être une application du simple droit de préférence, et qu'une telle concession est une reconnaissance faite par nos adversaires du vice de leur principe.

Un autre de nos adversaires, M. Blondeau (p. 480, notes 1 et 2), fait intervenir ici la notion d'incapacité, et dit que l'héritier est incapable d'aliéner les immeubles héréditaires, dans les six mois de l'ouverture de la succession, à l'égard des créanciers séparatistes inscrits dans ce délai.

Mais c'est là une incapacité sans texte, c'est-à-dire

une incapacité nettement contraire à l'art. 1594, aux termes duquel tous ceux auxquels la loi ne l'interdit pas, peuvent acheter ou vendre (arg. de l'art. 1123).

D'ailleurs une telle incapacité dépasse le but poursuivi : à quoi bon frapper l'héritier de l'incapacité d'aliéner ?

Il suffit, pour protéger les créanciers séparatistes, que l'acquéreur demeure exposé à leur droit de suite, lorsqu'ils l'ont légalement conservé.

Un autre argument, tiré de l'esprit général du Code civil, est que l'aliénation est plus grave que l'hypothèque. Celle-ci peut encore laisser subsister sur les immeubles héréditaires une valeur importante pour les créanciers de la succession, tandis que l'aliénation détruit complètement la chose dans le patrimoine de l'héritier. Comment donc la loi aurait-elle mis les créanciers séparatistes à l'abri d'une simple hypothèque pour les laisser exposés à l'aliénation ?

Qu'on ne dise pas que l'aliénation met une contre valeur dans le patrimoine du débiteur, car il peut s'agir d'une donation ; s'il y a vente, le prix a pu être payé comptant, puis dissipé, par le débiteur ou employé par lui à payer des créanciers qu'il veut favoriser.

D'ailleurs la constitution d'hypothèque n'a pas lieu non plus gratuitement. C'est ordinairement l'accessoire d'un emprunt, et les créanciers séparatistes pourraient aussi saisir les deniers entre les mains de l'héritier. Elle peut être aussi la condition d'une ouverture de crédit, dont les créanciers pourraient se prévaloir. La loi, avec juste raison, n'a pas pensé que ce fût là une garantie suffisante. Et elle a annulé l'hypothèque au regard des créanciers héréditaires. *A fortiori* doit-on décider que l'aliénation ne leur est pas opposable?

Mais, dit-on, la séparation des patrimoines est demandée contre des créanciers. Je réponds que l'acquéreur est un créancier de l'héritier. C'est en tant que créancier d'un transfert de propriété qu'il devient propriétaire (art. 711, 938 et 1138), et si sa créance n'est pas opposable aux créanciers héréditaires séparatistes, elle ne saurait produire contre eux d'effet préjudiciable; elle ne saurait donc leur enlever le gage héréditaire.

J'invoque enfin le texte même du Code civil. Aux termes de l'article 2111, la séparation des patrimoines produit un privilège pour les créanciers qui s'en prévalent. Or, il est certain que le privilège régulièrement inscrit comporte le droit de suite (art. 2166 et 2185).

Le législateur ajoute dans l'article 2113 que la sépation des patrimoines inscrite tardivement aura l'effet d'une hypothèse, c'est-à-dire qu'elle produira son effet à la date d'inscription; en d'autres termes que ce privilège, tout comme celui du copartageant, est susceptible de dégénérer en hypothèque. Or l'hypothèque engendre incontestablement le droit de suite.

Pour échapper à cet argument si pressant, la doctrine contraire est réduite à dire que le législateur s'est trompé et a employé improprement le mot privilège. Troplong s'empare même de cet exemple pour exhorter le législateur de l'avenir à employer un langage précis. (Privilèges et hyp., I, n⁰ 323). Ce qui, d'après ces auteurs, explique, sinon justifie le langage de la loi, c'est que la séparation des patrimoines est soumise à la même condition de publicité que les privilèges, à savoir l'inscription.

Cette explication basée sur une prétendue erreur du législateur, ne nous paraît pas sérieuse.

Renversant l'observation de Troplong, nous pensons qu'il y a plutôt ici un exemple pour exhorter les interprètes de la loi à se conformer à son texte. Comment admettre que le législateur, au titre même des privilèges et hypothèques, et dès les premiers articles de cette matière, n'ait pas pris les mots « privilège et hypothèque » dans leur sens propre ?

On nous reproche ici d'abuser de l'argument de mots, et de faire trancher ainsi au législateur une question qu'il n'a pas prévue. L'article 2111, dit-on, n'a pas pour objet de donner le droit de suite aux créanciers séparatistes ; il indique seulement comment le droit de préférence sera conservé. Il emploie le mot privilège dans la forme démonstrative, et non dans la forme dispositive.

Il n'en est pas moins vrai que dans le doute il vaut mieux prendre le mot dans son sens naturel que dans un sens inusité. Or, le mot privilège désigne une sûreté réelle comportant le droit de suite et le droit de préférence. Il eût été facile au législateur, s'il n'avait pas voulu donner à la séparation des patrimoines l'effet des privilèges, d'éviter cette qualification qui ne pouvait manquer de donner lieu à une controverse, et d'employer simplement l'expression « droit de préférence ».

En Droit romain, la séparation des patrimoines consistait à former des biens héréditaires et de ceux de l'héritier deux masses bien séparées, et à diviser également les créanciers héréditaires et ceux de l'héritier en deux catégories bien distinctes. L'institution ainsi comprise creusait un fossé séparant à la fois deux patrimoines et deux catégories de créanciers ; elle impliquait une sorte de rescision de l'acceptation de l'héritier. Elle était donc bien distincte des notions de privilège et d'hypothèque qui supposent une masse de biens appartenant à la même personne et une masse de créanciers ayant tous le même débiteur.

Chez nous, au contraire, la séparation des patrimoines n'est pas un droit collectif, c'est un droit individuel qui n'appartient qu'à celui des créanciers héréditaires qui veut l'invoquer. Elle n'empêche pas les créanciers héréditaires d'être devenus créanciers de l'héritier. Celui-ci est débiteur commun des créanciers héréditaires et de ses créanciers personnels. Seulement les créanciers héréditaires ou quelques-uns, ou un seul d'entre eux, ont un droit de préférence à l'encontre des créanciers de l'héritier. Or le législateur ne connaît que deux causes légitimes de préférence, le privilège et l'hypothèque (art. 2094). Donc ce n'est pas par hasard ni par erreur, mais c'est d'une façon voulue et réfléchie, et par application des principes généraux, que le législateur qualifie la séparation des patrimoines de « privilège » et d'hypothèque, selon qu'elle a été inscrite avant ou après l'expiration du sixième mois depuis l'ouverture de la succession (art. 2111 et 2113).

On nous objecte, sur le terrain des textes, le silence gardé par le Code civil touchant la séparation des patrimoines dans les divers articles qui contiennent l'énumération des privilèges.

M. Demolombe fait à cette objection une mauvaise réponse : il dit que les énumérations des art. 2101, 2102 et 2103 ne sont pas limitatives. J'aime mieux dire qu'à la vérité ces énumérations sont limitatives pour les cas qu'elles prévoient, mais que la séparation des patrimoines n'appartient à aucun de ces cas, et ne pouvait rentrer dans aucune de ces énumérations, que par conséquent il n'y a rien à induire contre notre théorie du silence de ces textes.

S'agit-il de l'art. 2101 ? Il vise les privilèges généraux sur tous les biens du débiteur. Or, le privilège de la séparation des patrimoines ne porte pas sur tous les biens de l'héritier ; il ne porte que sur les biens qui lui sont advenus *ex causa hereditaria*.

S'agit-il de l'art 2102 ? Il vise les privilèges spéciaux sur les immeubles aussi bien que sur les meubles héréditaires.

S'agit-il de l'art. 2103 ? Il vise les privilèges spé-

ciaux sur les immeubles : or la séparation des patrimoines porte sur les meubles aussi bien que sur les
immeubles de la succession.

En fait, il faut reconnaître que l'opinion qui nie le
droit de suite compte le plus d'autorités.

Elle triompha auprès de la commission de l'Assem-
blée législative chargée, en 1850, d'élaborer un projet
de réforme hypothécaire : le mot privilège fut sup-
primé par cette commission dans la nouvelle rédaction
qu'elle propose de l'art. 2111. D'ailleurs ce projet ne
fut pas voté.

La loi belge sur le régime hypothécaire (16 décembre 1851) adopta le même point de vue, et le mot
« privilège » ne se retrouve plus dans l'art. 39 qui
correspond à notre art. 2111.

Toutefois cette loi, consacrant, en l'étendant aux
hypothèques, la restriction déjà admise chez nous par
M. Blondeau, déclare que ces aliénations et constitutions d'hypothèques opérées par l'héritier dans les six
mois de l'ouverture de la succession, ne sont pas opposables aux créanciers séparatistes.

N'est-ce pas là véritablement l'anarchie dans la
législation ? Comment, voici des créanciers qui n'ont
pas de privilège, et qui peuvent, lorsqu'ils ont pris
inscription dans un certain délai, opposer leur droit à
des tiers acquéreurs ! Mais à quoi bon créer ainsi une
sûreté en dehors des cadres du Code civil, alors qu'il
est si simple, en prenant à la lettre les mots « privi-

lège et hypothèque » des art. 2111 et 2113, de donner pleine satisfaction aux intérêts que l'on veut protéger.

Au reste, il faut remarquer aujourd'hui une certaine tendance, tant en doctrine qu'en jurisprudence à en venir au système que nous venons de soutenir, et à rattacher le droit de suite à la séparation des patrimoines.

En faveur de notre solution sur le droit de suite, citons les autorités suivantes :

Barafort, n° 13.

Demante. III, n° 222 *bis* I.

Gabriel Demante, *Revue critique de législation,* 1854, v. p. 177 et suiv.

Demolombe, XVII, n° 209.

Nîmes, 16 février 1829 (S. 29. 2. 214).

Colmar, 3 mai 1834 (S. 34. 2. 678).

Orléans, 22 août 1840 (S. 41. 2. 513).

Metz, 22 mai 1868 (S. 68. 2. 281).

Nous tirerons du droit de suite une importante conséquence en matière de constitution de servitude, à savoir que cette constitution n'est pas opposable aux créanciers qui ont demandé antérieurement la séparation des patrimoines. Il nous paraît inadmissible que l'héritier qui ne peut plus disposer des immeubles héréditaires par voie de constitution d'hypothèque (art. 2111), puisse constituer des servitudes peut être plus onéreuses qu'une hypothèque.

Si on nous objecte, comme on le fait en matière

d'aliénations, que la séparation des patrimoines est demandée par les créanciers héréditaires contre des créanciers de l'héritier pour les empêcher de concourir avec eux sur les biens de la succession, je répondrai que l'obligation de constituer la servitude précède cette constitution elle-même : elle en est la cause immédiate. Par cette constitution de servitude, l'héritier paie son créancier personnel avec les biens héréditaires, au mépris d'une séparation des patrimoines.

Est-il besoin d'ajouter que l'art. 880 permet aux créanciers héréditaires de demander la séparation des patrimoines tant que les immeubles de la succession sont dans la main de l'héritier? La séparation des patrimoines a donc été, dans l'espèce, invoquée à temps et d'une façon régulière. Donc, elle grève les immeubles d'un privilège qui ne saurait être atteint par des aliénations partielles, telles que constitution de servitude ou d'hypothèque, pas plus que par des aliénations complètes, car le privilège est un droit réel qui doit être protégé, tant au point de vue du droit de suite que du droit de préférence, par l'adage « *prior tempore, potior jure* ».

§ 2. — *Du droit de suite en ce qui concerne les meubles.*

Nous admettons que la séparation des patrimoines comporte le droit de suite pour les immeubles. L'ensemble de notre argument pour les immeubles s'applique aux meubles.

La séparation des patrimoines emporte certainement le droit de préférence sur les meubles héréditaires, art. 878 et 880. Ce droit de préférence implique privilège (art. 2095) et le privilège a pour attribut le droit de suite.

Qu'on n'objecte pas l'art. 2119 aux termes duquel les meubles n'ont pas de suite par hypothèque ». Cet article n'est qu'une application de l'art. 2279 qui ne permet pas l'exercice du droit de suite contre un tiers possesseur de bonne foi.

Il vise donc le « *quod plerumque fit* ».

Toutes les fois que le droit de propriété sur un meuble entraîne le droit de suite, le privilège, qui n'est qu'un démembrement du droit de propriété, l'emporte également. Il en est ainsi lorsque le poursuivant peut démontrer que le tiers possesseur est de mauvaise foi, c'est-à-dire qu'il savait parfaitement, lors de l'acquisition, que le meuble dépendait de la succession et était nécessaire au paiement des créanciers héréditaires, ou encore lorsque ce possesseur était de bonne foi, il s'agit du meuble héréditaire perdu ou volé (art. 2279 et 2280).

Le droit de suite que la séparation des patrimoines confère sur les meubles héréditaires étant très fragile, on se demande si, pour la rendre efficace, les créanciers de la succession peuvent exiger de l'héritier des garanties, telles que des cautions, gages et hypothèques.

Supposons un créancier héréditaire dont la créance n'est pas exigible, ou même n'est pas née, parce qu'elle est subordonnée à une condition encore pendante. Par exemple, j'envisage le cas d'un créancier d'une rente viagère de 10,000 francs.

Si la succession comprend des immeubles, il n'y a pas de difficulté : le créancier prendra inscription en y mentionnant la modalité qui affecte son droit.

Mais je suppose que tout l'actif soit mobilier. Il est certain que notre créancier peut faire pratiquer une opposition ou une opposition de scellés (comp. art. 909), et requérir un inventaire. Si ces meubles sont incorporels, tels que des actions, obligations ou créances quelconques, le créancier fera saisie-arrêt entre les mains du débiteur du défunt. Ces diverses mesures montrent l'intention de demander la séparation des patrimoines; d'ailleurs le créancier, en les faisant, pourra notifier formellement cette volonté.

L'héritier doit-il, pour mettre fin à cette immixtion des créanciers héréditaires, qui fait obstacle à la disposition des meubles de la succession, pour faire lever les scellés, les saisies-arrêts, donner des garanties à ces créanciers? Nous pensons que oui : de cette façon la séparation des patrimoines aboutira à faire donner par l'héritier aux créanciers héréditaires, des garanties qui les mettront à l'abri de son insolvabilité ultérieure. En effet, le législateur, en créant notre institution de la séparation des patrimoines, n'a évidemment pas voulu qu'elle ne fût qu'un vain mot; il a entendu en faire une garantie sérieuse. Or, il peut arriver qu'il n'y ait que des meubles dans la succession, cela est même de plus en plus fréquent, étant donné que le capital immobilier demeure à peu près stationnaire, tandis que les valeurs mobilières vont constamment en croissant. Si dans ce cas l'héritier pouvait disposer librement des meubles au profit de tiers qui se trouveraient protégés contre les réclamations des créanciers héréditaires par la règle de l'art. 2279, notre institution deviendrait une garantie illusoire. Donc ces créanciers peuvent frapper les meubles d'indisponibilité, jusqu'à ce que l'héritier leur ait substitué une sûreté sérieuse. En un mot, le droit d'exiger des mesures conservatoires, lorsque l'actif de la succession est mobilier, est une conséquence nécessaire de la faculté d'invoquer la séparation des patrimoines.

On m'objecte que la séparation des patrimoines ne peut porter atteinte au droit de libre disposition que la transmission héréditaire et la saisine confèrent à l'héritier. Nous ne nions pas ce droit de disposition ; nous remarquons seulement qu'il ne saurait porter atteinte aux droits dérivant de ce bénéfice. L'héritier dès lors ne doit pas pouvoir disposer de l'actif, même mobilier, de manière que le paiement des créanciers séparatistes en devienne incertain. Qu'il commence donc par les garantir ; il fera ensuite librement tous actes de disposition. On nous oppose un argument *a contrario* tiré de l'art. 2111. En autorisant, dit-on, l'inscription hypothécaire sur les immeubles, le législateur a prohibé les mesures conservatoires sur les meubles ; il lui importe peu que les meubles échappent au gage des créanciers, car ils ne peuvent représenter une bien grande valeur, « *vilis mobilium possessio* ».

Je réponds que les valeurs mobilières ne sont pas à dédaigner, dans notre hypothèse surtout où elles constituent tout l'actif héréditaire. Ce n'est pas *a contrario* mais bien *a fortiori* qu'il faut argumenter de l'art. 2111. Si le Code a ordonné des mesures conservatoires à l'égard des immeubles, à plus forte raison doit-il les autoriser à l'égard des meubles qui peuvent si facilement disparaître. S'il n'a pas règlementé ce point en notre matière, c'est qu'une mesure unique, telle que celle de l'inscription sur les immeubles, ne convenait pas. Il y a lieu en effet, quant à la conservation de l'actif mobilier, à des mesures diverses, variables, selon les circonstances. Il était bien inutile d'entrer ici dans ces détails, la question ayant été traitée ailleurs, et ces règles peuvent s'appliquer à notre espèce par voie d'analogie. En effet, le législateur, au titre de l'usufruit, a prévu le cas où. ce droit venant à porter sur des meubles, l'usufruitier ne voudrait pas ou ne pourrait pas fournir caution. L'art. 603 fixe les moyens de sauvegarder à la fois les droits de l'usufruitier et du nu-propriétaire. C'est ainsi encore que dans l'art. 807, la loi, dans l'intérèt des créanciers héréditaires, prescrit à l'héritier bénéficiaire de fournir caution.

Mais, dit-on, avec notre système, nous transformons le titre des créanciers héréditaires, ce qui dépasse la portée de la séparation des patrimoines. En effet, de simples créanciers chirographaires du défunt, nous faisons des créanciers de l'héritier munis de sûretés. Le créancier avait fait crédit sans stipuler aucune sûreté, et voici que nous lui permettons d'exiger une caution, un gage, une hypothèque!

C'est une atteinte au contrat qui est prohibée par l'art. 1134! Je réponds que tel est précisément l'objet de la séparation des patrimoines. Il est certain qu'en ce qui touche les immeubles héréditaires, les créanciers simplement chirographaires du défunt deviennent des créanciers privilégiés de l'héritier.

Pourquoi donc n'auraient-ils pas de même droit a une garantie sérieuse lorsque la succession ne comprendra que des meubles ? Il est vrai que nous dérogeons au contrat primitif, nous modifions le droit du créancier. Mais c'est que les conditions de l'obligation primitive sont gravement changées du côté passif. Ce n'est plus le débiteur primitif que le créancier a en face de lui ; c'est un homme dont il n'a pas suivi la foi, et la loi a pensé, en fondant la séparation des patrimoines, qu'il convenait de lui donner une sûreté vis-à-vis d'un homme qu'il aura malgré lui pour nouveau débiteur.

Qu'on ne nous objecte pas que l'héritier n'a peut-être pas de créanciers, et que, dans ce cas, il est impossible aux créanciers héréditaires d'invoquer la séparation des patrimoines, vu que ce bénéfice est réclamé contre les créanciers de l'héritier et non contre l'héritier lui-même. Je réponds que si l'héritier n'a pas de créanciers aujourd'hui, il peut en avoir demain. L'art. 878 permet de demander la séparation des patrimoines contre toutes les créances de l'héritier, ce qui comprend les créanciers à venir comme les créanciers actuels. D'ailleurs qui peut prouver qu'au jour où le bénéfice est invoqué, l'héritier n'a pas de créanciers. Il en a peut-être pour de très fortes sommes ; seulement, ces créanciers sont inconnus, et l'héritier se garde de les révéler.

Enfin pourquoi l'héritier refuserait-il la garantie qu'on lui réclame ? Cela ne peut tenir qu'à deux motifs : ou bien il est insolvable, il ne trouve aucune caution pour répondre pour lui, et n'a aucun bien à affecter à la sûreté des créanciers héréditaires. Ou bien c'est un malhonnête homme qui médite de s'approprier les meubles de la succession aux dépens des créanciers. Dans l'un ou dans l'autre cas, nous voyons s'imposer la nécessité d'une garantie pour les créanciers de la succession.

Mais comment déterminer la garantie que l'héritier devra fournir aux créanciers héréditaires ?

Il n'est pas possible à tout le monde d'avoir des immeubles pour les grever d'hypothèques, de trouver des cautions, de trouver des gages. Si ces moyens ne sont pas permis à l'héritier, il n'y aura qu'à consigner les meubles, en opérer la vente, et en employer le prix en dépôts à la Caisse des Dépôts et Consignations, en placements hypothécaires, ou en rentes sur l'Etat, en acquisitions d'immeubles qu'on hypothèquera aux créanciers héréditaires. C'est au juge qu'il appartiendra, en cas de contestation, de décider, suivant les cas, quelles garanties devront être fournies, en con-

ciliant les intérêts respectifs des créanciers de la succession et de l'héritier.

En ce sens :

Cass, 16 août 1869 (s. 69, 1. 417).

Barafort, n⁰ 185.

Blondeau, p. 477 et 478 note 4.

Demolombe, XVII, n° 146.

Dufresne, n⁰ 22.

En sens contraire :

Paris 31 juillet 1852 (S, 52, 2. 604); Paris, 28 avril
1865 (s. 66. 2. 49) Dall. 1853. 2. 33, note 2.

Journal du Palais, 1853. 1. 618.

Revue pratique du Droit français, 1863, t. XVI,
p. 180 et 181.

Revue du notariat et de l'enregistrement, 1865.
p. 497.

Aubry et Rau, VI, p. 499, note 60.

Section III. — De l'indivisibilité de la séparation
des patrimoines

Nous pensons que la séparation des patrimoines est
indivisible. Mais il s'agit de bien fixer ce que nous
entendons par cette indivisibilité, car il existe sur ce
point une grave controverse. Distinguons selon qu'il
n'existe qu'un seul héritier ou qu'il y en a plusieurs.

§ 1. — *Il n'y a qu'un seul héritier*

Il est certain que tout créancier hérédtaire peut, sur

chaque bien de la succession, demander son paiement total par préférence aux créanciers personnels de l'héritier, et non pas seulement une partie de sa créance proportionnelle à la partie de l'actif héréditaire représentée par le bien saisi. Ainsi, s'il s'agit d'une créance de 100, et .qu'un immeuble héréditaire représente le quart de l'actif, le créancier héréditaire produira à l'ordre ouvert pour la distribution du prix dudit immeuble, pour la somme de 100, et non pas seulement pour 25.

Cette indivisibilité résulte, quant aux meubles, de l'art. 2083, et, en ce qui touche les immeubles, de la combinaison des art. 2095, 2113 et 2114.

§ 2. — *Il y a plusieurs héritiers*

Dans cette hypothèse il y a lieu de bien distinguer ce qui n'est pas douteux à nos yeux, et ce qui est controversé.

Ce qui est certain, c'est que tout bien héréditaire, mis au lot de l'un deux, est grevé pour le tout du privilège des créanciers du défunt, jusqu'à concurrence de la part de ce co-héritier dans le passif héréditaire.

Ainsi soient 2 héritiers, pour parts égales, Primus et Secondus, et un passif héréditaire de 100. La part de chacun des héritiers dans le passif, est de 50. Si deux immeubles de la succession, d'une valeur de 60 chacun, sont mis au lot de Primus, les créanciers héréditaires peuvent s'attaquer uniquement à l'un de ces immeubles, en disant à Primus : « Délaissez cet immeuble ou payez-nous intégralement les 50 que vous nous devez. » Primus (ou ses créanciers personnels) ne pourra pas leur objecter : « Il y a deux immeubles de même valeur ; vous ne pouvez prendre que 25 sur chacun d'eux ». Les créanciers héréditaires répondraient victorieusement que la séparation des patrimoines est indivisible.

Voici maintenant le point qui donne lieu à une importante controverse.

Les créanciers héréditaires peuvent-ils se faire payer, par le co-héritier Primus, sur les biens héréditaires mis en son lot, non seulement le montant de sa part dans le passif, mais le total de ce passif, c'est-à-dire 100, sauf recours de Primus contre Secundus pour les 50 qui excèdent cette part ? Inutile de faire remarquer l'immense intérêt qui s'attache à cette question lorsque le co-héritier Secundus est insolvable.

A. Certains auteurs admettent l'affirmative comme conséquence de l'indivisibilité de la séparation des patrimoines.

Leurs motifs, consistent : 1° en une considération générale, 2° des arguments de principes, 3° des arguments de textes.

Voyons d'abord la considération. Sans l'indivisibilité ainsi entendue, dit-on, le but de la séparation des patrimoines, qui est d'affecter tous les biens de la succession au paiement intégral des créanciers héréditaires, serait manqué.

Supposez qu'un immeuble, mis au lot du cohéritier Primus, ait une grande valeur, et dépasse de beaucoup la part de Primus dans le passif. Au lot de l'autre héritier, Secundus, on met des meubles faciles à dissimuler, de l'argent comptant ou des titres au porteur par exemple, ou même on ne met rien qu'une créance d'une soulte contre Primus, et cette soulte est payée comptant. Ou encore on peut supposer que Secundus ait reçu du défunt, par donation entre-vifs en avancement d'hoirie, un bien équivalent à sa part héréditaire : Secundus effectuant alors un rapport en moins prenant, tout l'actif héréditaire va être absorbé par Primus. Ajoutons, pour compléter l'hypothèse, que Secundus est absolument insolvable. Dans ces conditions, si on décide que Primus, malgré la séparation des patrimoines, n'est tenu du passif que jusqu'à concurrence de sa part héréditaire, et que l'actif de la succession qu'il détient ne peut être saisi par les créanciers de la succession que dans cette mesure, les créanciers du défunt se trouveront impayés pour la moitié de leurs créances, alors que l'actif héréditaire est cependant suffisant pour les désintéresser complètement.

La séparation des patrimoines devient ainsi un remède illusoire contre l'insolvabilité des héritiers, ce qui est manifestement contraire à l'esprit de la loi.

Voici maintenant l'argument de principe. L'indivisibilité de la séparation des patrimoines, entendue en ce sens qu'elle permet de saisir les biens héréditaires sur l'un quelconque des héritiers pour le total du passif de la succession, découle logiquement de sa nature et de son but.

En effet, elle a pour but de maintenir le *statu quo*, c'est-à-dire de rétablir les choses dans l'état où elles seraient, si le débiteur vivait encore, et de permettre aux créanciers de la succession de se payer dans ces conditions. Elle met donc à néant la transmission héréditaire, et par suite la division des dettes entre les héritiers qui en est la conséquence.

Si le défunt vivait, ses créanciers pourraient demander le total de leurs créances sur l'un quelconque de ses biens.

Donc, il en doit être de même en vertu de la séparation des patrimoines.

En un mot, les créanciers héréditaires ne poursuivent pas l'héritier en sa qualité d'héritier, mais en sa qualité de tiers possesseur des biens héréditaires grevés de privilège à leur profit.

Nous arrivons enfin aux arguments de textes :

1° La séparation des patrimoines est un privilège (art. 2111). Or, le privilège est indivisible (art. 2083, 2095 et 2114). Or, l'effet de cette indivisibilité, aux termes mêmes de la loi (art. 2083 et 2114), est de permettre au créancier de demander le total de sa créance sur l'un quelconque des biens grevés : « *est tota in qualibet parte totius rei* ».

2° Les légataires ont une hypothèque légale sur les immeubles de la succession, et il est certain qu'en vertu de cette hypothèque, ils peuvent demander à un seul des héritiers le total de leurs legs, et non pas seulement sa part dans le legs, sur les immeubles héréditaires mis en son lot.

Eh bien, il n'est pas admissible que la garantie des créanciers héréditaires soit moins forte que celle des légataires, que ceux-ci aient le droit de se faire payer intégralement par l'un quelconque des héritiers, tandis que les premiers seraient obligés de morceler leurs poursuites en restant exposés au risque d'insolvabilité. En effet, l'esprit général du Code étant de traiter les créanciers qui luttent *de damno vitando* plus favorablement que les légataires qui luttent seulement *de lucro captando* (Arg. de l'art. 809).

En ce sens, nous citerons les autorités suivantes :

Bourges, 20 août 1832 (S. 32, 2, 635); Bordeaux, 14 juillet 1836 (S. 37, 2, 322); Caen, 17 janvier 1855 (S. 57, 2, 294 et la note);

Barafort, n_o 187; Bonnier, *Revue de Législation*, 1846, t. XIV, p. 482; Demante, III, n° 222 *bis*, II et III; Duranton, XIX, n_o 224; Hureaux, *Etudes sur le Code civil*, t. II, de la séparation des patrimoines.

B. Nous pensons, au contraire, qu'un cohéritier ne peut pas être poursuivi par un créancier héréditaire, au-delà de sa part dans le passif.

La doctrine contraire, en permettant aux créanciers héréditaires de demander le total à l'un des héritiers, demanderait de la part de ce dernier des actions récursoires contre ses cohéritiers. La loi n'est pas favorable à ces actions qui sont une source de complications et de frais, et donnent lieu à des froissements entre parents. La loi a sagement prévenu ces occasions de querelles au sein d'une famille en divisant les dettes de plein droit.

Le législateur a même dérogé, dans ce but, aux effets de la subrogation légale. Lorsqu'un cohéritier a, par l'effet d'une hypothèque, payé intégralement une dette hypothécaire, et qu'il existe d'autres immeubles hypothéqués à la même dette aux lots de ses cohéritiers, on devrait logiquement décider que le *solvens* pourra, grâce à l'hypothèque, demander le tout, moins sa part contributoire, à l'un quelconque de ses cohéritiers par l'action hypothécaire, sauf à celui-ci à se retourner contre un autre cohéritier de la même façon. L'article 875 exclut formellement ce mode de procéder et dit que l'héritier devra diviser son recours, nonobstant l'hypothèque à laquelle il est subrogé.

On prétend que la séparation des patrimoines opère rescision de l'acceptation, qu'elle met à néant la transmission héréditaire, rétablit le *statu quo*, et fait que les créanciers héréditaires peuvent exercer leurs droits comme si leur débiteur vivait encore.

C'est là une interprétation de l'expression « séparation des patrimoines » qui nous paraît abusive, et contraire au texte même de la loi.

L'art. 2111 dit que la séparation des patrimoines

constitue un privilège au profit des créanciers héréditaires : cela implique qu'ils deviennent créanciers de l'héritier, car ils ne peuvent avoir un privilège sur une partie des biens de l'héritier, sans être ses créanciers.

De plus, il est généralement admis que la séparation des patrimoines ne fait nul obstacle à ce qu'ils poursuivent l'héritier *ultra vires successionis*, c'est-à-dire sur ses biens personnels : il n'y a donc pas rescision de l'acceptation.

La vérité est que la séparation des patrimoines, sans détruire la transmission héréditaire, garantit les créanciers du défunt contre un de ses effets les plus dangereux à leur égard, à savoir le concours des créanciers personnels de l'héritier, et la substitution du dividende qui résulterait de ce concours, à celui qu'ils auraient sur les biens héréditaires. Mais, à tous autres égards, elle ne touche pas à la transmission héréditaire, notamment elle ne modifie pas le principe de la division des dettes qui en est la conséquence.

Ce principe de la division des dettes est, en effet, posé dans les articles 873 et 1220 en termes généraux et sans distinction, selon que les créanciers héréditaires demandent ou non la séparation des patrimoines. Ainsi, l'article 1221 qui énumère les exceptions à ce principe, ne mentionne pas la séparation des patrimoines.

Notre interprétation n'est nullement contredite par les articles 873 et 2111. Ces articles excluent le concours des créanciers des héritiers avec les créanciers héréditaires sur les biens de la succession, mais ils ne modifient pas la division des dettes entre les héritiers. Ils déclarent que la séparation des patrimoines produit ses effets à l'encontre des créanciers des héritiers, et non pas à l'encontre de la division du passif héréditaire entre les héritiers. Il est donc purement arbitraire de faire produire à la séparation des patrimoines, plus d'effets que la loi ne lui en a donné.

Qu'on n'objecte pas l'indivisibilité du privilège, car nous respectons pleinement ce principe; nous nous bornons à le concilier avec la division des dettes entre les héritiers. Les créanciers héréditaires peuvent demander, en effet, le total de la part d'un héritier quelconque, sur un seul des biens héréditaires mis en son lot, ne sont pas dégrevés pour une partie correspondante : la totalité de ces biens restent tenue, pour le quart restant : *est tota in toto*.

En d'autres termes, la séparation des patrimoines naît divisée, c'est-à-dire qu'elle ne garantit, vis-à-vis de chaque héritier, que sa part de passif, mais, dans la mesure de cette part, elle est indivisible.

C'est la même situation qui se présentait, en Droit romain, à l'égard de l'hypothèque des légataires (L. I, Code, *Communia de legatis*). La créance *ex legato* se divisait de plein droit entre les héritiers, et chaque partie était garantie par une hypothèque, qui grevait, pour le total, tous les biens mis au lot de chaque héritier, chacun de ces biens, et chaque partie de chacun.

Y avait-il, par exemple, un legs de 100 et deux héritiers, Titius et Seius. Le légataire, pendant l'indivision, ne pouvait demander à chacun d'eux que 50, même en poursuivant hypothécairement la part indivise de chacun d'eux. Il est vrai qu'après le partage, il pouvait demander le tout, mais cela tenait, non pas à l'indivisibilité de l'hypothèque, mais à l'effet translatif du partage romain. Titius était considéré comme l'ayant-cause de Seius pour la moitié indivise des effets mis dans son lot. Cela l'obligeait à subir les hypothèques nées du chef de Seius sur cette moitié et notamment l'hypothèque garantissant la part de Seius dans le legs.

Or chez nous, le partage était déclaratif et non translatif, ce tempérament ne saurait avoir lieu.

Qu'on n'objecte pas l'article 1017 concernant l'hypothèque légale des légataires. Nous avons démontré en effet, que le législateur avait implicitement abrogé l'article 1017 au titre des privilèges et hypothèques, en remplaçant, pour les légataires, l'hypothèque légale par le privilège de la séparation des patrimoines. D'ailleurs, même dans l'opinion qui admet l'existence de cette hypothèque légale, on devrait dire que l'article 1017 déroge au principe de l'effet déclaratif du privilège ; or, en l'absence de texte analogue en matière de séparation des patrimoines, il n'est pas permis de donner la même solution.

Voici les autorités favorables à notre opinion :
Cass., 14 fév. 1825. D. 25.2.147.

Cass., 2 fév. 1857. S. 57.1.331.

Cass., 9 juin 1857. S. 57.1.465.

Rennes, 14 janv. 1858. S. 58.2.573.

Limoges, 16 juin 1860. D. 61.2.71.

Aubry et Rau, 4e édit., VI, p. 502, note 68.

Blondeau, loc. cit., p. 573 et s.

Demolombe, XVII, n° 211.

Mourlon, *Traité des subrogations personnelles*, p. 473.

SECTION IV. — De l'influence de la séparation des patrimoines
sur les rapports en moins prenant.

Nous avons déjà indiqué dans notre première partie la difficulté qui consiste dans la conciliation du principe de la division des dettes entre les héritiers avec les prélèvements dérivant des rapports en moins prenant.

Cette difficulté s'accentue dans le cas de séparation des patrimoines. La solution que nous venons de formuler sur la question de l'indivisibilité nous permettra de sortir facilement d'embarras.

Rappelons l'espèce. Un homme meurt laissant deux enfants, Primus et Secundus, un actif de 100 et un passif de 100. Il a donné à Secundus, en avancement d'hoirie une somme de 100. Les deux héritiers acceptent la succession. Dès lors Secundus doit le rapport qui s'effectue en moins prenant, soit par prélèvement, soit par imputation, ce qui revient à dire que Primus prend la totalité de l'actif héréditaire, soit 100 (art. 830).

Il suit de notre système sur l'indivisibilité que les créanciers héréditaires ne pourront toucher que 50 de Primus. Quant aux 50 autres, ils ne pourront pas les obtenir de Secundus par l'action personnelle, puisqu'il est insolvable, ni par la voie de la séparation des patrimoines, puisqu'il ne recueille aucune part des biens héréditaires, tout ayant été pris par Primus.

Toutefois nous n'admettons cette décision que si la séparation des patrimoines est demandée après le partage. Si elle est invoquée pendant l'indivision, nous pensons que les créanciers héréditaires peuvent s'emparer de la totalité de l'actif héréditaire pour se payer. Pour le démontrer, nous n'avons qu'à reprendre les deux arguments déjà présentés au chapitre 3 de notre première partie.

1° Les créanciers du défunt peuvent demander la séparation des patrimoines contre les créanciers de chacun des héritiers : ils peuvent donc la demander contre Primus qui est créancier en rapport, et l'empêcher de toucher aux biens héréditaires pour se payer des 50 que lui doit Secundus.

Qu'on ne dise pas que les biens sont sortis par le prélèvement de la main de Secundus et que dès lors la séparation des patrimoines est perdue (art. 880). Nous avons répondu d'avance à l'objection en démontrant que la séparation des patrimoines emporte le droit de suite. Or, par hypothèse, la séparation des patrimoines a été demandée avant le partage, donc avant le prélèvement de Primus.

Qu'on n'objecte pas non plus l'effet déclaratif du partage qui fait que Primus est censé tenir la valeur de 50, qui fait l'objet de la dette de Secundus envers lui, du chef du défunt, et non du chef de Secundus. La vérité est qu'au fond le partage est translatif, la loi le considère comme tel toutes les fois que l'équité l'exige, par exemple au point de vue de la garantie. Or, ici l'équité veut qu'une partie importante de l'hérédité ne soit pas soustraite, par le jeu du rapport en moins prenant, à la séparation des patrimoines qui a été demandée en temps utile.

2° Les créanciers héréditaires ne pouvant profiter du rapport, la logique veut qu'ils n'en souffrent pas. Or ce rapport leur nuirait, s'ils ne pouvaient exercer leur privilège sur les biens prélevés par Primus.

Qu'on n'objecte pas la division des dettes qui fait que Primus ne saurait être tenu au-delà de la moitié des dettes héréditaires. La séparation des patrimoines ayant été demandée à temps, a grevé les biens soumis au prélèvement. (Voy. en sens contraire, Civ. rej., 10 juillet 93, D. 94.1.5 (affaire Rolland), et la note de M. de Loyne). Après le partage, au contraire, c'est en vain que les créanciers demandent la séparation des patrimoines : ils ne pourront pas atteindre les biens prélevés par Primus pour se payer de la dette de rapport de Secundus.

En effet, le partage supposé est valable ; il est effectué conformément aux dispositions du Code civil qui autorise et même ordonne, dans notre cas, le rapport en moins prenant (art. 829, 830, 859, 868). Donc ce partage ne peut pas être critiqué par les créanciers héréditaires. La loi protège les créanciers en leur permettant d'intervenir au partage pour la conservation de leurs droits. Les créanciers héréditaires auraient donc pu intervenir avant le partage et saisir les biens de la succession, pour se payer du total de leurs créances, ou tout au moins demander la séparation des patrimoines et se mettre ainsi à l'abri de l'effet du rapport en moins prenant. S'ils ne l'ont pas fait, tant pis pour eux ; ils ne pourront pas attaquer un partage consommé, à moins qu'ils ne soient en mesure de prouver que le partage a été fait avec une précipitation calculée en vue de faire obstacle à l'exercice de leurs droits.

D'autre part, cette valeur de 50 qui a fait l'objet du prélèvement, n'était pas encore grevée du privilège de séparation des patrimoines, lorsqu'elle a passé de Secundus à Primus. Le paiement n'a donc pas été fait au mépris de la séparation des patrimoines. Il est dès lors valable, car ce bénéfice ne permet pas de critiquer les paiements faits de bonne foi avant qu'il ne soit invoqué. Primus a reçu son dû, *suum recepit*. Ainsi Primus ne peut pas être poursuivi sur la fraction de la succession qu'il tient de Secundus pour la libération de la dette de rapport de ce dernier, en tant que *biens tenant*, c'est-à-dire comme tiers détenteur, d'un immeuble grevé, puisque la séparation des patrimoines n'avait pas été demandée avant l'aliénation.

Dans la question que nous venons de discuter, à savoir si le prélèvement opéré par le cohéritier d'un successible soumis au rapport en moins prenant, échappe aux créanciers, nous mettons à part le cas où le rapport n'aurait pour effet que de frauder les créanciers. Ce cas sera fréquent dans notre hypothèse. En effet Secundus n'a aucun intérêt à accepter, puisque l'effet de son acceptation sera de le soumettre au rapport, et qu'il n'aura rien à recueillir dans la succession. S'il renonçait, le résultat serait le même : il garderait son don, et le successible héritier, Primus, prendrait la totalité de l'actif.

Le seul effet pratique de l'acceptation de Secundus est de le grever d'une partie des dettes héréditaires, et de décharger Primus d'autant. Comme Secundus est insolvable, cela revient à faire tomber la moitié du passif héréditaire, en d'autres termes, de dépouiller les créanciers héréditaires de la moitié de leurs droits.

Il est très probable que ce résultat a été voulu, et qu'il y a eu collusion entre les cohéritiers. Ce n'est pourtant pas absolument certain. Par exemple, Secundus ignorait les dettes du défunt, lorsque le successible donataire a accepté. Ou bien encore il croyait à un actif héréditaire plus considérable qui lui aurait laissé un bénéfice malgré le rapport.

Quoi qu'il en soit, la combinaison frauduleuse devra être prouvée par les créanciers, car la bonne foi se présume toujours. S'ils la prouvent, ils pourront demander, je ne dirai pas, comme la plupart des auteurs (Aubry et Rau, VI, p. 503, note 69 ; Demante,

III, n° 210 *bis* ɪɪ et ɪɪɪ et n° 222 *bis* ɪɪ), la rescision de l'acceptation par l'action paulienne, car cela me paraît contraire à l'art. 882 qui prohibe cette action en matière de partage, mais des dommages-intérêts conformément à l'art. 1382, et comme il s'agit là d'une action *in solidum*, les créanciers héréditaires seront désintéressés par l'héritier solvable.

Il existe sur notre question deux autres opinions, qu'il nous sera maintenant aisé de réfuter.

La première décide qu'après comme avant le partage, les créanciers héréditaires peuvent se payer sur tous les biens recueillis par l'un des héritiers, même sur ceux qu'il a prélevés ou qui lui sont dus à raison du rapport en moins prenant.

On invoque d'abord, à l'appui de cette thèse, les précedents historiques. Telle était l'opinion de Pothier. Il y a lieu, selon lui, de présumer une collusion entre les deux frères ; c'est dans la vue de se décharger d'une portion des dettes et d'en frauder les créanciers que l'héritier solvable a engagé son frère insolvable à se porter héritier.

Cette raison n'est pas admissible. D'abord elle viole le principe que la fraude ne doit pas être présumée. En second lieu, elle sort de l'hypothèse, puisque nous supposons que le rapport en moins prenant a eu lieu de bonne foi. S'il avait eu lieu de mauvaise foi, nous serions d'accord avec Pothier, mais il faudrait alors que les créanciers héréditaires prouvassent la collusion frauduleuse.

On invoque ensuite que les biens d'un débiteur sont le gage commun de ses créanciers (art. 2092).

Il est certain qu'en demandant la séparation des patrimoines avant le partage, les créanciers de la succession pourront saisir, à ce titre de gage, la totalité des biens héréditaires sur tout détenteur, donc sur l'héritier Primus qui les a prélevés par l'effet du rapport en moins prenant. Eh bien, dit-on, la séparation des patrimoines peut-être aussi bien demandée après le partage qu'avant: il suffit que les biens soient encore dans la main de l'héritier ; or ils sont dans la main de l'héritier Primus (art. 180). L'équité s'oppose à ce que les biens héréditaires, lorsqu'ils sont dans la main d'un héritier, soient affranchis de la poursuite des créanciers du défunt qui ne sont pas complètement désintéressés.

Qu'on n'objecte pas, ajoute-t-on, la division du passif héréditaire. Cette division est fondée sur ce que l'actif se divise de la même manière. Un héritier n'est tenu que pour partie, parce qu'il ne prend qu'une partie de l'actif. Si donc il arrive que par l'effet de prélèvements dérivant de rapports en moins prenant, un héritier absorbe tout l'actif, il est tenu par là même de tout le passif.

Nous avons réfuté par avance cette opinion en exposant la nôtre.

Par l'effet du prélèvement opéré avant la séparation des patrimoines ne soit demandée, l'héritier débiteur a payé sa dette à son créancier, et la séparation des patrimoines ne peut porter atteinte aux paiements antérieurs effectués sur les biens héréditaires par un héritier.

Voir en ce sens :

Revue critique de législation et de jurisprudence, 1859, t. XV, p. 325, 342. 343.

Revue pratique de Droit français, 1861, t. XII, p. 68, 69, 258 et s.

M. Demante (III, n° 210 bis, II et III, et n° 222 bis II, adopte la même opinion, mais sous une distinction selon qu'il s'agit de meubles ou d'immeubles. Sur les immeubles, les créanciers peuvent venir se payer même après le partage. Pour les meubles, il faut qu'ils réclament avant le partage.

La seconde opinion prétend que, sans qu'il y ait à distinguer avant ou après le partage, les créanciers héréditaires, même en demandant la séparation des patrimoines, n'ont rien à prétendre sur les biens soumis au prélèvement.

C'est pure subtilité, dit-on, que d'envisager l'héritier qui opère le prélèvement comme un créancier de l'autre héritier. Mais qu'importe la subtilité pourvu que cette notion soit exacte.

On ajoute que la division des dettes héréditaires s'opère de plein droit au décès, et que Primus ne saurait être tenu que de la moitié des dettes. C'est vrai ; mais Secundus est tenu de l'autre moitié, et, comme il accepte, la séparation des patrimoines peut être demandée de son chef, et atteindre par conséquent la partie qui lui revient dans la masse héréditaire, et qui

doit lui servir à se libérer de sa dette de rapport.
Comme d'ailleurs la séparation des patrimoines comporte le droit de suite, ces biens demeurent grevés
après le prélèvement.

SECTION V. — La séparation des patrimoines peut-elle être
rétorquée par l'héritier contre les créanciers héréditaires qui
l'ont invoquée ?

Supposons que les créanciers séparatistes n'aient
pas été intégralement payés sur l'actif de la succession : peuvent-ils venir réclamer le reliquat de l'héritier ? Ou faut-il dire au contraire que l'héritier peut
rétorquer contre eux la séparation des patrimoines en
leur disant : « Vous avez renoncé, par votre demande
de séparation des patrimoines, à m'avoir pour débiteur.
Subissez le sort que vous vous êtes fait, et ne venez
rien me demander maintenant ? En d'autres termes, la
séparation des patrimoines qui profite aux créanciers
héréditaires en leur donnant un droit de gage exclusif sur les biens de la succession, peut-elle leur nuire,
en les empêchant de poursuivre l'héritier comme débiteur personnel pour ce qu'ils n'auront pu obtenir sur
l'actif héréditaire ?

Cette question est controversée ; elle l'était déjà en
Droit romain.

A. — Ulpien et Paul permettaient à l'héritier de
rétorquer la séparation des patrimoines contre les
créanciers séparatistes : ceux-ci, disaient-ils, en demandant la séparation des patrimoines *recesserunt a*

personna heredis, ils ont renoncé à rien demander
à l'héritier (L. 1 § 17, L. 5 D. à notre titre).

Cette opinion a encore des défenseurs aujourd'hui
(Buguet sur Pothier, VIII, p. 221 ; Duranton, VII
n°s 500 et 501). Ces auteurs invoquent, outre la tradition romaine, l'art. 879, aux termes duquel la séparation des patrimoines ne peut plus être invoquée par
un créancier héréditaire lorsqu'il a accepté l'héritier
comme débiteur. En un mot il est contradictoire,
aux yeux du Code civil, d'accepter l'héritier pour
débiteur et de demander la séparation des patrimoines.
Donc celui qui a demandé ce bénéfice ne peut plus
poursuivre personnellement l'héritier, à moins de rap
porter aux créanciers de l'héritier ce qu'il a touché de
l'actif héréditaire, afin de concourir avec eux, comme
créancier personnel de l'héritier, sur l'ensemble du
patrimoine de ce dernier, y compris son lot dans la
succession.

Cela revient à dire que la séparation des patrimoines demandée par les créanciers héréditaires, profite
à l'héritier, et équivaut pour lui au bénéfice d'inventaire.

B. Dans une deuxième opinion, que nous préférons,
les créanciers séparatistes non intégralement désinté·
ressés sur l'actif héréditaire, peuvent venir réclamer
le reste sur l'actif personnel de l'héritier.

Toute la question en effet se réduit à voir quel a été
le but poursuivi par les créanciers héréditaires lorsqu'ils ont demandé la séparation des patrimoines. Il

est certain qu'ils ont voulu se procurer une sûreté, améliorer la situation que leur faisait la substitution d'un débiteur inconnu ; mais ils n'ont pas renoncé à la garantie personnelle qui s'offrait à eux par l'acceptation pure et simple de l'héritier. Celui-ci ne saurait donc se prévaloir d'un bénéfice qui n'a pas été établi en sa faveur. C'est ainsi que l'héritier ne pouvait pas invoquer la séparation des patrimoines contre ses propres créanciers afin de soustraire à leur poursuite ce qui reste des biens de la succession après le paiement des créanciers séparatistes. En un mot, la séparation des patrimoines est étrangère à l'héritier, lequel ne peut l'opposer, ni aux créanciers héréditaires pour sauver contre eux ses biens personnels, ni à ses créanciers personnels pour leur soustraire l'actif net de la succession.

On nous objecte l'art. 879 qui, dit-on, considère comme contradiction l'acceptation de l'héritier pour débiteur et la séparation des patrimoines.

Je réponds que tout ce que dit ce texte, c'est qu'un créancier héréditaire ne peut plus, après avoir manifesté l'intention de considérer l'héritier comme débiteur, invoquer la séparation des patrimoines : ce texte consacre la renonciation tacite à la faculté de demander la séparation des patrimoines. Il faut, pour qu'on puisse la demander, que les choses soient encore entières, et que les créanciers n'aient pas encore accepté l'héritier comme débiteur. Mais une fois que cette séparation des patrimoines a été demandée, et qu'elle a produit son effet de procurer aux créanciers sépa-

ratistes le bénéfice de l'actif héréditaire, par préfé
rence aux créanciers de l'héritier, l'art. 879 ne s'oppose nullement à ce que lesdits créanciers tirent parti
de la qualité de débiteur personnel dont l'héritier est
investi à leur égard par l'effet de son acceptation.

En résumé, la poursuite personnelle de l'héritier
fait obstacle à la demande de séparation des patrimoines, mais la demande de séparation des patrimoines, ne fait pas obstacle à ce que les créanciers
héréditaires considèrent plus tard l'héritier comme
leur débiteur personnel (Comparez Ducaurroy, Bonnier
et Roust II, n° 768).

SECTION VI. — La séparation des patrimoines peut-elle être
rétorquée contre les créanciers séparatistes par les créanciers
personnels de l'héritier ?

En supposant que l'héritier ait lui-même des créanciers, ceux-ci pourront-ils invoquer sur l'actif de leur
débiteur un droit de préférence réciproque de celui
que les créanciers héréditaires se sont procuré par la
séparation des patrimoines : en un mot, pourront-ils
rétorquer la séparation des patrimoines contre les
créanciers héréditaires qui s'en sont prévalus contre
eux ?

A En Droit romain, l'affirmative était admise unani-
mement (L. III, § 2 et L. VI, § 2 D. à notre titre).

Nos anciens auteurs se prononcèrent dans le même sens (Pothier, Successions, chap. V, art. 4; Introduction au titre 17 de la Coutume d'Orléans, n° 129; Lebrun, Successions, chap. V, art. 4; Domat, lois civiles, liv. 3, titre II, sect. I, n° 9).

La même opinion est admise par certains auteurs modernes (Marcadé, art. 880, n° VI; Mourlon, II, p. 192; Malleville, sur l'art. 878).

L'argument invoqué est que la séparation des patrimoines opère entre les deux masses de créanciers, ceux du défunt et ceux de l'héritier, l'effet de distinguer les biens de chaque débiteur, de faire que chaque catégorie de créanciers se paie sur l'actif de son propre débiteur. D'ailleurs les créanciers héréditaires n'ont pas à se plaindre de ce traitement, car ils se le sont fait eux-mêmes : ils avaient le droit de venir en concours avec les créanciers personnels de l'héritier en ne demandant pas la séparation des patrimoines.

a. Ceux qui admettent, dans la question précédente, que l'héritier peut rétorquer la séparation des patrimoines contre les créanciers héréditaires, ne font aucune difficulté d'adopter cette solution par l'application de l'art. 1166. Le droit qu'ils reconnaissent à l'héritier n'a en effet rien de purement personnel : c'est un droit d'ordre pécuniaire, et il n'y a aucune raison pour en refuser l'exercice à ses créanciers.

b. Nous pensons au contraire que les créanciers personnels de l'héritier doivent subir, sur l'actif de leur débiteur, le concours des créanciers séparatistes non complètement désintéressés sur l'actif héréditaire.

Cette décision découle logiquement du caractère de privilège que nous avons reconnu à la séparation des patrimoines.

Il est de principe en effet que, lorsqu'un créancier privilégié n'est pas complètement désintéressé sur le prix d'un bien affecté spécialement à sa sûreté, il conserve pour le reliquat sa qualité de créancier chirographaire, qui lui permet de venir en concours, sur le reste des biens de son débiteur, avec la masse des créanciers.

Eh bien, les créanciers héréditaires qui ont demandé la séparation des patrimoines sont des créanciers de l'héritier qui ont un privilège sur la partie des biens que celui-ci a acquise *ex causa hereditaria.* Je dis qu'ils sont créanciers de l'héritier, parce que la séparation des patrimoines, nous l'avons déjà remarqué, n'opère pas rescision de l'acceptation. La loi a réglé la question de rescision de l'acceptation dans l'art. 783, et, dans les causes qu'elle énumère, nous ne voyons pas figurer la séparation des patrimoines.

On nous objecte la réciprocité de traitement que l'équité commande d'établir entre les deux catégories de créanciers. Mais qu'est-ce qui prouve que l'équité veut cette égalité? Les créanciers d'un même débiteur sont-ils toujours sur un pied d'égalité? La loi elle-même consacre la solution contraire en donnant à certains créanciers un privilège sur les autres (art. 2101, 2102, 2103). Elle considère qu'il est équitable ou du moins qu'il est d'intérêt général, dans certains cas, que certains créanciers soient payés de préférence aux autres.

Eh bien, c'est précisément ce qui a lieu dans notre cas.

En effet, les créanciers de l'héritier ont suivi la foi de l'héritier, et doivent souffrir de ses mauvaises opérations : l'acceptation par leur débiteur d'une mauvaise succession ne les met pas dans une situation pire qu'une perte que ce dernier aurait subie au jeu ou à la Bourse. Leur donner une préférence sur les créanciers héréditaires, ce serait leur accorder un privilège sans texte, ce serait leur accorder en somme le bénéfice de séparation des patrimoines : or la loi le leur a dénié formellement (art. 881).

C'est ainsi que Domat (*loc. cit.*) reconnaissait aux créanciers personnels de l'héritier le droit de demander la séparation des patrimoines. Il faisait d'ailleurs une distinction entre les créanciers de l'héritier antérieurs à l'ouverture de la succession, et les créanciers postérieurs. Il faudrait reproduire cette distinction dans l'opinion contraire à la nôtre, car les créanciers postérieurs n'ont pu compter sur le patrimoine de l'héritier, que dans l'état où il se trouvait par suite de l'acceptation de la succession. Mais alors avec cette restriction, qui est en dehors de la loi, cette doctrine aboutit au plus pur arbitraire.

Mais ce n'est pas seulement l'arbitraire, l'atteinte aux principes et aux textes que nous reprochons à l'opinion adverse ; elle aboutit à d'inextricables difficultés pour sa mise en pratique.

Etant donné qu'il faut distinguer entre les créanciers de l'héritier antérieurs et postérieurs à l'ouverture de la succession, exigera-t-on que les titres qui constatent les créance aient date certaine ? Les créanciers héréditaires sont-ils des tiers au sens de l'art. 1328 ?

Si on n'exige pas la date certaine, il sera très facile à l'héritier, avec des billets antidatés, de donner à certains de ses créanciers, même postérieurs à l'ouverture de la succession, un droit de préférence à l'encontre des créanciers héréditaires, et d'exclure en fait ces derniers de tout droit sur ses biens. Si on exige la date certaine, on privera certains créanciers de l'héritier antérieurs au partage d'un droit acquis.

D'autre part, lorsque les créanciers de l'héritier antérieurs à l'ouverture de la succession se seront fait payer sur l'actif de l'héritier par préférence aux créanciers héréditaires, devront-ils communiquer les sommes qu'ils auront touchées aux créanciers de l'héritier, un privilège, non pas seulement à l'encontre des créanciers héréditaires, mais même à l'encontre des autres créanciers de l'héritier, ce qui paraît manifestement contraire à l'art. 2092.

On nous objecte enfin l'art. 879 d'où l'on tire que les créanciers héréditaires ne peuvent pas à la fois prendre l'héritier comme débiteur personnel à l'effet de concourir avec ses créanciers, et demander la séparation des patrimoines.

Nous avons déjà répondu à l'objection, dans la question précédente, en rétablissant le véritable sens de l'art. 879.

En résumé, il faudrait un texte formel pour donner aux créanciers personnels de l'héritier un droit de préférence sur l'actif de ce dernier à l'encontre des créanciers héréditaires séparatistes. Il faudrait qu'ils eussent, eux aussi, la faculté de demander la séparation des patrimoines.

Or, bien loin de trouver un pareil texte dans le Code civil, nous y voyons un article qui dit juste le contraire : l'art. 881 dénie, en effet, formellement aux créanciers personnels de l'héritier le droit de demander la séparation des patrimoines.

SECTION VII. — Les créanciers personnels de l'héritier ont-ils le bénéfice de discussion vis-à-vis des créanciers séparatistes ?

Etant admis, dans la question précédente, que les créanciers de l'héritier doivent subir le concours des créanciers séparatistes sur les biens personnels de l'héritier, il se pose une autre question : ont-ils le bénéfice de discussion ? En d'autres termes, peuvent-ils dire aux créanciers héréditaires :

« Commencez par saisir et faire vendre tous les biens héréditaires sur lesquels vous avez privilège.

Si ces biens sont insuffisants pour vous payer intégralement, vous reviendrez ensuite demander le reliquat en concours avec nous sur les biens de l'héritier ? »

Nous nions le bénéfice de discussion. Il est de principe en effet qu'un créancier privilégié n'en conserve
pas moins les droits de créancier chirographaire. Par
conséquent, lorsque les biens de l'héritier seront saisis
et vendus à la requête d'un créancier quelconque de
l'héritier, tout séparatiste pourra venir à **la distribu-**
tion du prix, et se faire allouer un dividende. Lorsqu'ensuite aura lieu la distribution du prix provenant
des biens héréditaires, ce séparatiste devra distraire
du prix total qu'il reçoit, une somme égale au dividende déjà reçu par lui, et la reverser à la masse chirographaire, car il ne saurait obtenir plus que son dû.
En un mot, on appliquera par analogie les dispositions des art. 553 et 554 du Code de commerce en cas
de faillite.

Cela se comprend. Les créanciers personnels de
l'héritier ne sauraient être forcés d'attendre le résultat
de la liquidation de la succession pour se faire payer
par le débiteur. Mais, d'autre part, si les créanciers
héréditaires ne se présentent pas dans la distribution
du prix des biens de l'héritier, ils seront exposés ensuite à ne plus pouvoir toucher aucune somme de lui
après la liquidation de la succession, tout l'actif de
l'héritier ayant été absorbé par ses créanciers personnels.

Si, sur les biens héréditaires il ne reçoit pas le total
de sa créance, mais simplement un dividende, il

reverse à la masse chirographaire simplement une partie du premier dividende, à savoir la partie qui correspond à la somme tranchée en vertu du privilège.

Si enfin il ne touche rien sur les biens héréditaires par suite de leur insuffisance et de leur absorption par des créanciers hypothécaires, il conservera tout le dividende obtenu sur les biens de l'héritier.

Au reste nous reconnaissons qu'en raison de l'art. 2209 du Code civil, les créanciers séparatistes ne peuvent provoquer la saisie des immeubles de l'héritier qu'après avoir discuté les immeubles héréditaires. Mais cela n'implique nullement qu'ils ne puissent pas concourir avec les créanciers personnels de l'héritier sur le prix de ses immeubles, lorsque la saisie a été opérée par des créanciers personnels de l'héritier.

MM. Duvergier (II, nº 548, note 1), Massé et Vergé sur Zachariæ (p. 339 et 340) admettent au contraire le bénéfice de discussion : les créanciers séparatistes ne peuvent venir concourir avec les créanciers personnels de l'héritier qu'en démontrant l'insuffisance des biens héréditaires par la liquidation de la succession « *Si inveniatur non ideona hereditas* » (L. 5 D. à notre titre).

Le recours des créanciers séparatistes sur les biens de l'héritier, dit-on, emporterait renonciation à la séparation des patrimoines.

Cette décision est purement arbitraire, elle est contraire aux dispositions de la loi. Ne voyons-nous pas dans les art. 553 et 554 du Code de commerce que les créanciers hypothécaires ou privilégiés sur des immeubles du failli peuvent néanmoins produire d'abord leurs créances à la masse chirographaires, sauf, s'ils sont ensuite intégralement payés sur leur sûreté spéciale, à rapporter leurs dividendes à la masse chirographaire.

Mais, dira-t-on, cette manière de procéder est spéciale à la faillite ou elle est rendue possible par la réunion des créanciers en une masse commune administrée par des syndics, qui représentent en même temps le débiteur. Elle ne saurait être transportée dans la matière des successions où chaque créancier conserve son action individuelle, et le débiteur la disposition de ses biens.

Il est vrai que la procédure de la contribution, en cas de déconfiture d'un commerçant, peut être plus compliquée que celle de la faillite. Néanmoins il n'y a pas d'impossibilité absolue à l'application à la séparation des patrimoines art. 553 et 554 du Code de commerce.

L'opinion contraire, qui forcerait les créanciers héréditaires à assister, sans pouvoir y rien prétendre, à la répartition de tout l'actif de l'héritier, alors que cet actif est devenu également leur gage par l'acceptation, serait peut-être plus simple, mais elle serait contraire à l'équité et aux plus élémentaires principes du Droit (art. 2092).

SECTION VIII. — Du conflit entre créanciers héréditaires et légataires, dont les uns ont demandé la séparation des patrimoines et les autres ne l'ont pas invoquée.

Pour plus de clarté nous distinguerons plusieurs cas :

§ 1er. — *Conflit entre deux créanciers héréditaires.*

Soient deux créanciers héréditaires, Primus et Secundus.

Primus a inscrit la séparation des patrimoines dans les six mois de l'ouverture de la succession ; Secundus ne l'a pas inscrite ou ne l'a inscrite qu'après les six mois : Primus primera-t-il Secundus ?

La question est controversée.

Dans un premier système, Primus prime Secundus. En effet, les privilèges ne produisent effet que par l'inscription. Donc Secundus n'a pas de privilège. S'il ne s'est pas inscrit du tout, il n'est que créancier chirographaire de l'héritier : s'il s'est inscrit après les six mois, il est créancier hypothécaire (art. 2113). Mais, dans l'un et l'autre cas, il est primé par Primus, qui est créancier privilégié (art. 2095 et 2111).

On ajoute que la séparation des patrimoines n'est pas une mesure collective comme en Droit romain ; elle ne crée pas deux masses distinctes de biens et de créanciers. C'est une mesure individuelle qui, dès lors, ne doit profiter qu'à celui qui s'en prévaut. Ceux qui ne la demandent pas, ne sont que des créanciers personnels de l'héritier, ils ne peuvent pas invoquer la séparation des patrimoines (art. 881), et ils doivent la subir (art. 878).

Qu'on ne dise pas qu'après la mort du débiteur commun, certains créanciers ne peuvent pas se rendre préférables aux autres. Le contraire résulte *a contrario* de l'art. 2146, aux termes duquel, lorsqu'un héritier accepte sous bénéfice d'inventaire, les créanciers héréditaires ne peuvent plus inscrire leurs privilèges et hypothèques. C'est donc qu'en cas d'acceptation pure et simple, ce qui est notre hypothèse, un créancier héréditaire peut, soit en inscrivant une hypothèque conventionnelle obtenue du défunt ou de l'héritier, ou une hypothèque judiciaire, qu'il se procure par un jugement de condamnation contre l'héritier, ou par un acte judiciaire de reconnaissance d'écritures, soit en inscrivant le privilège de séparation des patrimoines acquérir une préférence à l'encontre des autres.

Nous pensons, au contraire, que Secundus doit être admis à concourir avec Primus.

Sans doute la séparation des patrimoines est individuelle, mais, tout ce qui en résulte, c'est que Secundus ne peut pas l'invoquer contre les créanciers de l'héritier, et non pas que Secundus ne peut pas l'invoquer contre Primus.

La séparation des patrimoines est, en effet, demandée contre les créanciers de l'héritier; c'est à leur égard seulement qu'elle a lieu. Le législateur veut donner aux créanciers héréditaires un moyen de se protéger contre l'insolvabilité de l'héritier dont ils n'ont pas suivi la foi. Elle a pour objet de maintenir le *statu quo*. Si le défunt vivait, les créanciers de l'héritier ne viendraient pas à la distribution de ses biens, mais tous les créanciers héréditaires y concourraient. Aller plus loin et admettre que le créancier héréditaire qui s'est conformé aux dispositions de l'art. 2111, non seulement conserve un droit de préférence à l'égard des créanciers de l'héritier, mais encore acquiert un pareil droit vis-à-vis des créanciers héréditaires eux-mêmes, « c'est outrepasser le but que le législateur a voulu atteindre, en établissant la séparation des patrimoines, et dénaturer le droit de préférence qu'elle engendre ». (Aubry et Rau, VI, p. 491, note 53.)

§ 2. — *Conflit entre les créanciers héréditaires et les légataires*

Je suppose qu'un légataire ait demandé la séparation des patrimoines et qu'un créancier héréditaire ait négligé de le faire, ou encore qu'un légataire se soit inscrit dans les 6 mois, et qu'un créancier héréditaire ne se soit inscrit qu'après : le légataire primera-t-il le créancier ?

Nous admettons la négative : il y a en ce sens un argument *a fortiori* à tirer de la décision qui précède. Bien plus, les légataires ne pourraient même pas concourir avec les créanciers héréditaires, et cela à raison de la maxime d'équité *nemo liberalis nisi liberatus*. Ce dont le légataire entend s'assurer en demandant la séparation des patrimoines, c'est uniquement l'actif net de la succession.

§ 3. — Conflit entre un créancier héréditaire ou un légataire qui a demandé la séparation des patrimoines dans les 6 mois de l'ouverture de la succession, un créancier de l'héritier qui a reçu de lui une hypothèque sur un immeuble héréditaire et qui l'a inscrite, et un créancier héréditaire qui ne demande pas la séparation des patrimoines, ou qui l'a inscrite après les 6 mois de l'ouverture, et alors que le créancier de l'héritier avait déjà inscrit son hypothèque.

Ainsi, soient Primus un créancier héréditaire ou un légataire qui a inscrit la séparation des patrimoines dans les 6 mois du décès.

Secondus un créancier de l'héritier qui reçoit de ce dernier une hypothèque et l'inscrit.

Tertius un créancier héréditaire qui ne demande pas la séparation des patrimoines ou qui ne l'inscrit que postérieurement à l'inscription de l'héritier et alors qu'il s'est écoulé 6 mois depuis l'ouverture de la succession.

Il est certain que Secondus prime Tertius et qu'il est lui-même exclu par Primus.

Dira-t-on dès lors que Primus prime Tertius, d'après la maxime : *si vinco vincenteur te, afortiorite vincam.*

Certains auteurs admettent ce résultat : autrement, dit-on, Primus, qui a été diligent, souffrirait de la négligence de Tertius, en se voyant enlever par ce dernier une partie de leur paiement. (Delvincourt, II, p. 179 ; Belost, Jolimont sur Chabot, observ. 3 sur l'art. 878).

Nos adversaires dans l'avant dernière question, se prévalent même de cette solution, en nous disant : « Vous voyez bien qu'il est possible que des créanciers héréditaires qui ont demandé la séparation des patrimoines priment d'autres créanciers moins diligents ». L'objection, en considérant comme vraie la proposition sur laquelle elle s'appuie, n'est pas décisive. Lorsque, par suite du concours de certaines circonstances l'application d'une disposition légale se trouve entravée pour un cas donné, ce n'est pas une raison pour repousser l'application de cette disposition dans les cas où elle est possible.

Mais il y a plus ! Nous considérons que, même dans cette hypothèse, Primus ne prime pas Tertius pour le tout, il ne pourra conserver sur sa collocation que le montant de ce qu'il aurait obtenu si tous les créanciers héréditaires s'étaient inscrits.

Par exemple, le total des créances héréditaires est de 250 ; la créance de Primus est de 100, et celle de Tertius de 150. Un immeuble héréditaire était vendu 100, le dividende qui serait revenu à chacun des créanciers héréditaires, si tous s'étaient inscrits, aurait été de 40 p. 100.

Secondus a reçu de l'héritier sur cet immeuble une hypothèque pour une créance de 20.

Primus retiendra 40.

Secondus prendra 20.

Les 40 d'exédent formeront une masse commune à tous les créanciers héréditaires non inscrits.

Primus ne peut pas se plaindre puisqu'on lui fait la

C.-d'O.   10

situation à laquelle lui donnait droit la séparation des patrimoines.

Quant à Tertius qui ne touche que 40, au lieu de 60 qu'il aurait obtenus, s'il s'était inscrit à temps, il n'a qu'à s'en prendre à lui-même de sa négligence : il devait s'inscrire dans les 6 mois de l'ouverture de la succession (art. 2111).

Qu'on n'invoque pas, pour permettre à Primus de prendre les 40 qui restent disponibles, après le paiement de Secondus, l'adage *si vinco vincentem te, etc.*, car on voit que Primus ne prime Tertius que dans la mesure de 40. Ces 40 ayant été prélevés par Primus, il n'exclut plus Secondus, et par conséquent l'adage ne s'applique plus à l'effet d'exclure Tertius.

D'après Duranton (VII n° 478, et XIX n° 227), les créanciers héréditaires retardataires doivent prendre le dividende de 60 intégralement avant Tertius, qui, dans l'espèce, se trouvera complètement exclu. Mais ce système conduit à donner à Tertius une préférence absolument injustifiée vis-à-vis de Primus. Celui-ci ne saurait équitablement se voir préférer, ayant lui-même pris inscription en temps utile, un privilège qui n'a pas été inscrit, ou du moins qui ne l'a pas été à temps. Tertius doit être payé intégralement en vertu de son hypothèque avant que les créanciers héréditaires négligents ne touchent la moindre somme.

Duranton dit que Tertius n'a dû compter que sur la partie du prix excédant le total des créanciers héréditaires, par cela seul qu'il y avait avant lui une inscription d'un créancier héréditaire.

Je réponds que l'inscription de Primus n'est efficace que jusqu'à concurrence du dividende qui lui revient, et, par conséquent, Tertius n'a dû compter voir payer avant lui que le dividende afférant à cette créance.

Citons dans le sens de notre opinion :

Cass., 28 avril 1869. S. 69.1.313.

Aubry et Rau VI, p. 494, note 54.

Dufresne, nᵒˢ 99 et s.

§ 4. — Conflit entre un légataire qui s'est inscrit dans les six mois, un créancier hypothécaire de l'héritier et un créancier héréditaire qui n'a pas inscrit la séparation des patrimoines ou l'a inscrite tardivement, c'est-à-dire à la fois après l'expiration des six mois depuis l'ouverture de la succession et après l'inscription du créancier de l'héritier.

Nous suivrons le même principe. On déterminera la collocation qu'aurait obtenue le légataire si tous les créanciers héréditaires s'étaient inscrits à temps. Le légataire prendra cette collocation. Sur le reliquat, le créancier hypothécaire de l'héritier prendra le montant de sa créance. Enfin le reste sera pour les créanciers héréditaires.

Pour l'application de cette formule, nous ferons quatre hypothèses :

PREMIÈRE HYPOTHÈSE. — Le prix d'un immeuble héréditaire est de 10. Il y a un legs de 5, un créancier hypothécaire de l'héritier de 5, et des créanciers héréditaires pour une somme de 5.

Si les créanciers héréditaires s'étaient inscrits à temps, ils auraient eu 5, et les légataires 5.

Le légataire conservera donc ces 5.

Le créancier hypothécaire de l'héritier prendra 5.

Enfin les créanciers héréditaires n'auront rien.

Ces derniers ne pourront pas invoquer la règle *nemo liberalis nisi liberatus*, car elle suppose que la séparation des patrimoines a été conservée. Or les créanciers héréditaires n'ont pas fait à cet égard les diligences nécessaires.

Qu'ils ne disent pas qu'ils sont primés par un légataire ; en réalité c'est par le créancier hypothécaire qu'ils sont exclus, et cette préférence tient à leur négligence ; ils ne sauraient donc s'en plaindre. Avec la solution contraire, le légataire souffrirait, par la privation de son legs, de la négligence des créanciers héréditaires, alors qu'il a lui-même fait le nécessaire pour mériter la protection de la loi.

DEUXIÈME HYPOTHÈSE. — Le legs est de 10, la créance hypothécaire de 5, les créanciers héréditaires de 5.

Si les créanciers héréditaires avaient été diligents, le légataire n'aurait eu que 5 : il n'aura donc que 5.

Le créancier hypothécaire aura 5, et il ne restera rien pour les créanciers héréditaires.

TROISIÈME HYPOTHÈSE. — Le legs est de 5, la créance hypothécaire de 10, la créance héréditaire de 10.

Le légataire n'aura droit à rien, et les 10 seront pour le créancier hypothécaire. Il ne restera rien pour les créanciers héréditaires.

Quatrième hypothèse. — Le legs est de 5, la créance hypothécaire est de 5, et la créance héréditaire de 10.

Le légataire n'aura droit à rien, le créancier hypothécaire prendra 5, et le reste sera pour les créanciers héréditaires. Comparez Cass. 15 juillet 91, D. 93.1.465 (Affaire Hacquart-Née), et la note de M. de Loyne.

§ 5. — *Conflit entre un légataire qui a inscrit l'hypothèque légale de l'art. 1017 et un créancier héréditaire qui inscrit la séparation des patrimoines après cette inscription, et alors que les six mois de l'art. 2111 sont expirés.*

Dans notre opinion, ce conflit ne peut se produire, car nous repoussons la prétendue hypothèque légale des légataires.

Dans l'opinion contraire, nous croyons qu'il faudrait décider, pour être logique, que le légataire prime le créancier héréditaire négligent. Le légataire, en effet, n'invoque pas ici la séparation des patrimoines : en optant pour son hypothèque légale, laquelle naît du chef de l'héritier, et non pas du défunt, il a accepté l'héritier comme débiteur principal : peu importe qu'il soit créancier *ex causa hereditaria, ex legato* : il n'y a pas à distinguer entre les créanciers d'un même débiteur, selon la cause de leurs créances (art. 2092). De plus, il a une hypothèque pour garantir sa créance, et cette hypothèque prime la séparation des patrimoines qui a été inscrite à temps (art. 2111 et 2113).

Le créancier héréditaire ne saurait invoquer ici la maxime « *nemo liberalis nisi liberatus* », car cette maxime suppose la séparation des patrimoines. Or la séparation des patrimoines n'existe pas, dans l'espèce, au regard du légataire, car celui-ci a changé de qualité, il est devenu créancier hypothécaire inscrit de l'héritier.

Nous reconnaissons d'ailleurs qu'en fait cette solution est mauvaise, mais elle ne fait que témoigner contre le système qui admet l'hypothèque légale des légataires en montrant l'injustice de ses effets.

CHAPITRE III

Comment s'éteint la séparation des patrimoines.

Conformément au plan généralement suivi, nous distinguerons : 1° Les causes d'extinction communes aux meubles et aux immeubles; 2° celles qui sont spéciales aux immeubles; 3° celles qui sont spéciales aux meubles.

SECTION I. — Causes d'extinction communes aux meubles
et aux immeubles.

Aux termes de l'art. 879, « ce droit (celui d'invoquer la séparation des patrimoines) ne peut plus être exercé, lorsqu'il y a novation dans la créance contre le défunt, par l'acceptation de l'héritier pour débiteur ». C'est ce que MM. Aubry et Rau traduisent de la façon suivante (p. 472 texte) : « Les créanciers héréditaires qui ont suivi la foi de l'héritier, en faisant, avec ou contre lui, des actes qui supposent nécessairement, de leur part, l'intention d'accepter sans réserve les effets de la confusion définitivement opérée par l'acceptation pure et simple de la succession, ne sont plus désormais recevables à invoquer le bénéfice de la séparation des patrimoines ».

On a, en effet, maintes fois remarqué, avec raison, que le mot « novation » est employé à tort par la loi. La novation, dans son sens précis, désigne la substitution d'un débiteur à un autre. Or l'acceptation fait de l'héritier le représentant juridique du défunt. C'est pourquoi les conditions requises pour la novation ne s'appliquent pas ici : ainsi, il n'y a pas lieu à l'acceptation par le créancier de l'héritier pour débiteur ; de même, les sûretés attachées à l'ancienne créance, qui sont éteintes dans la véritable novation, subsistent ici pleinement (V, où les autorités citées par Aubry et Rau, p. 472, note 6).

En Droit romain, Ulpien admettait la même théorie, et l'expression employée par ce jurisconsulte « *novandi animo* » (L. I, §§ 18, 11 et 15) a été reproduite par notre art. 879. Ulpien admettait la décision inverse, à savoir que la demande de séparation des patrimoines faisait perdre aux créanciers héréditaires la faculté de poursuivre personnellement l'héritier ; en un mot il admettait l'incompatibilité complète entre l'acceptation de l'héritier pour débiteur et le droit à la séparation des patrimoines. Nous avons vu au chapitre précédent que nos anciens auteurs, dont nous avons suivi sur

ce point l'opinion, n'admettaient cette incompatibilité
que d'une façon partielle, en ce sens que l'acceptation
de l'héritier pour débiteur exclut bien la faculté de
demander la séparation des patrimoines, mais que la
demande de séparation des patrimoines n'excluait pas
la faculté d'accepter l'héritier pour débiteur; ils se
conformaient en cela à l'opinion de Papinion (Lebrun,
successions, liv. IV, chap. II, sect. I, n°s 26 et 27;
Pothier, successions, chap. V, art. 10).

Ces deux propositions n'ont d'ailleurs rien de contradictoire, et c'est ce que nous rendrons évident par
une analogie. Lorsqu'un créancier exige une caution ou une hypothèque, c'est qu'il n'a pas une parfaite
confiance en son débiteur, mais il ne renonce pas pour
cela à user contre lui de l'action personnelle qu'a tout
créancier. Il en est de même des créanciers héréditaires qui demandent la séparation des patrimoines.
N'ayant pas confiance en l'héritier qu'ils ne connaissent
pas, ils se procurent un privilège sur les biens héréditaires, mais ils ne renoncent pas pour cela à invoquer la qualité de débiteur qu'a prise l'héritier envers
eux. Au contraire, quand un créancier fait crédit purement et simplement à quelqu'un, il ne peut exiger
par la suite que celui-ci lui fournisse une sûreté : ce
serait revenir sur sa volonté, violer le contrat. De
même, lorsqu'un créancier héréditaire fait des actes
impliquant qu'il accorde crédit à l'héritier, qu'il le
prend pour débiteur principal, il ne peut prétendre
ensuite à la séparation des patrimoines : ce serait
revenir sur l'acte qu'il a fait librement, et par lequel il

a déclaré, expressément ou tacitement, qu'il suivait la foi de l'héritier.

Reste à déterminer les faits qui impliquent l'intention, chez un créancier héréditaire, de considérer l'héritier comme son débiteur.

C'est là en principe une question d'intention, donc une question de fait qui, en cas de doute, doit être confiée à la sagacité du juge. Il pourra se diriger par les deux règles snivantes :

Première règle. — Si les actes faits par le créancier avec l'héritier impliquent qu'il considère celui-ci comme définitivement maître des biens de la sucession. S'ils exigent l'intervention du successible en qualité d'héritier, s'ils sont tels en un mot que le successible ne pourrait pas le faire comme simple administrateur de la succession, ou encore qui dépasseraient les pouvoirs d'un curateur à succession vacante, on dira que le créancier a suivi la foi de l'héritier.

Par exemple, le créancier fait avec l'héritier certaines conventions par lesquelles il modifie les conditions de la créance héréditaire, par exemple il substitue un capital à une rente ou réciproquement, ou encore il prend des arrangements quelconques impliquant qu'ils s'en rapporte à l'héritier pour le paiement.(Demolombe, n° 165 et les autorités citées).

Un créancier héréditaire reçoit de l'héritier une caution ou une sûreté réelle sur un bien personnel de l'héritier. Nous maintiendrions cette solution même si ces sûretés étaient insuffisantes ; ils n'ont, en effet, qu'à s'en prendre à eux-mêmes de s'en être contentés (Le 1, § 10, Dig. à notre titre ; Bordeaux. 10 avril 1845, (S. 47, 2, 166).

Un créancier accepte la délégation d'un débiteur de l'héritier ; la déchéance demeurera, même si le délégué est déjà ou devient ensuite insolvable. Le seul effet de cette insolvabilité sera d'ouvrir au délégataire un recours personnel en garantie contre l'héritier, en supposant une délégation imparfaite. Si la délégation est parfaite et emporte novation, tant pis pour le créancier qui l'a acceptée.

Le créancier pratique une saisie sur un bien personnel de l'héritier, ou il produit à un ordre ou à une contribution ouverte sur le prix provenant d'un bien de l'héritier.

Le créancier a changé son titre en recevant de l'héritier un titre nouveau, par lequel celui-ci se reconnaît son débiteur : par exemple l'héritier lui a souscrit des effets de commerce. (Cass. 3 février 1857, S. 57, 1, 321). Pour que cette souscription laissât subsister les droits du créancier, il faudrait que celui-ci fît des réserves. La Cour de Nîmes a jugé que, lorsque le créancier héréditaire avait déclaré n'accepter les effets que sous condition de paiement, cette condition impliquait réserve par le créancier de ses droits, pour le cas, où les effets ne seraient pas payés. (Nîmes, 21 juillet 1852, S. 53. 2. 70).

Il en serait de même si le créancier, appelé à la succession de son débiteur, l'acceptait purement et simplement. Il s'accepterait ainsi lui-même pour débiteur, et ratifierait la confusion des patrimoines opérée en sa personne.

Mais il ne renoncerait pas pour cela à demander la séparation des patrimoines à l'encontre de ses cohéritiers, à l'effet de se faire payer de la part non éteinte par confusion, par préférence aux créanciers personnels de ces derniers.

Lorsqu'un créancier héréditaire a accepté l'héritier pour débiteur, il est certain qu'il ne peut plus invoquer la séparation des patrimoines à l'encontre des créanciers personnels de l'héritier. Mais peut-il encore, lorsque d'autres créanciers héréditaires ont régulièrement conservé leur bénéfice, par exemple en prenant inscription conformément à l'art. 2111, venir en concours avec eux, et bénéficier de la cause de préférence qui appartient aux séparatistes diligents ?

Nous admettons la négative. Qu'on n'objecte pas que la séparation des patrimoines ne saurait produire d'effets dans les rapports des créanciers héréditaires entre eux. Je réponds qu'en acceptant l'héritier comme débiteur, le créancier héréditaire a perdu cette qualité pour devenir créancier personnel de l'héritier : donc il est exclu du droit de concourir avec les créanciers séparatistes sur les biens héréditaires. (Demolombe, n° 169, et les autorités citées).

Deuxième règle. — Si les actes des créanciers impliquent seulement qu'ils considèrent le successible comme le représentant du défunt, l'administrateur de ses biens, en un mot s'ils sont tels qu'ils pourraient être faits aussi bien avec un curateur à succession vacante qu'avec l'héritier, parce qu'ils ne visent que les biens de la succession, et pourraient être faits même en l'absence d'héritier, on ne peut pas dire que les créanciers aient suivi la foi de l'héritier, et ils conserveraient par conséquent le droit d'invoquer la séparation des patrimoines.

Voici quelques applications:

La signification par les créanciers héréditaires à l'héritier des titres exécutoires qu'ils ont contre le défunt (art. 877) n'emporte pas déchéance de la séparation des patrimoines. (Demolombe, n° 159 et les autorités citées).

Il en est de même du temps accordé à l'héritier. Il peut être en effet dans l'intérêt bien entendu du créancier lui-même de laisser un certain délai à l'héritier envisagé comme administrateur de la succession, afin que celui-ci ait le temps de réaliser pour le mieux certaines valeurs héréditaires. Toutefois, cette solution étant contestée, et beaucoup voyant dans la seule concession d'un terme l'intention de suivre la foi de l'héritier (Dufresne, n° 149 ; Duranton, VII, n° 498 ; Malleville, sur l'art. 879), il sera prudent pour le créancier de faire des réserves formelles de ses droits dans l'acte par lequel il accorde un terme.

Citons encore la demande en justice formée contre l'héritier, même pendant les délais pour faire inventaire et délibérer. Les créanciers ont pu former cette action pour faire courir les intérêts moratoires (art. 1153) ou pour interrompre la prescription (art. 2244, 2259). Il serait donc inique d'attacher à cette mesure conservatoire la déchéance de notre bénéfice (L. 7. Dig. à notre titre).

Ajoutons la saisie des biens héréditaires, car cette mesure pourrait être dirigée même contre un curateur à succession vacante. Il en est de même de la réception des intérêts ou arrérages ou même d'un acompte sur le capital (V. les autorités dans Demolombe, XVII, n° 162).

Lorsque le créancier a pour débiteurs solidaires le défunt et l'héritier, le fait de poursuivre l'héritier personnellement et même de saisir ses biens, n'implique pas qu'il renonce à la séparation des patrimoines, car il n'a pas poursuivi l'héritier en cette qualité, mais en celle de débiteur solidaire ; il n'a nullement renoncé par conséquent à son privilège sur les biens de la succession en tant qu'il est créancier du défunt.

Section II. — Causes d'extinction spéciale
aux immeubles

D'après l'art. 880, la séparation des patrimoines est perdue à l'égard des immeubles lorsqu'ils ont cessé d'être dans la main de l'héritier.

Mais alors, semble-t-il, ce bénéfice sera extrêmement fragile puisqu'il dépendra de l'héritier d'y faire obstacle par une aliénation, et pourtant n'est-ce pas surtout à l'égard des immeubles que notre garantie devrait être sérieuse ?

L'art. 2111 vient répondre à cette objection en précisant la portée de l'art. 880. Il en résulte que, lorsque la séparation des patrimoines a été inscrite sur les immeubles héréditaires, elle se trouve conservée et à l'abri de l'aliénation que pourrait ensuite consentir l'héritier ; en un mot, une fois inscrite, elle emporte pleinement le droit de suite : telle est du moins notre opinion, car nous avons vu que ce point faisait l'objet d'une grave controverse.

Ainsi, tant que les immeubles héréditaires sont dans la main de l'héritier, les créanciers peuvent conserver sur eux leur garantie par l'inscription.

Dans quel délai doit être prise cette inscription ? L'art. 2111 répond que c'est dans un délai de six mois à partir du décès. Cela ne signifie pas qu'elle ne peut pas être prise après ce délai ; cela veut dire simplement que, lorsqu'elle est prise dans les six mois, elle jouit d'un effet rétroactif qui la rend préférable aux inscriptions hypothécaires antérieures du chef de l'héritier. Les titulaires de ces inscriptions n'ont pas à se plaindre ; ils n'avaient qu'à attendre, avant d'accepter de l'héritier une hypothèque sur les biens de la succession, qu'il se fût écoulé six mois depuis son ouverture. L'inscription de la séparation des patrimoines prise après ce délai est valable ; seulement elle n'a d'effet qu'à sa date, et elle est primée par les inscriptions antérieures (art. 2113). Cela est parfaitement rationnel : si l'inscription des séparatistes avait à toute époque bénéficié de la rétroactivité, cela aurait indéfiniment empêché l'héritier de tirer un moyen de crédit des immeubles de la succession.

L'acquéreur étant à l'abri de la séparation des patrimoines non inscrite au moment de la transcription de l'acte d'acquisition, il se pose une question : les créanciers héréditaires peuvent-ils invoquer leur privilège sur la créance du prix ou sur le prix lui-même? C'est un point que nous avons examiné dans la IVe section du Ier chapitre de cette partie.

Les créanciers héréditaires qui ont déjà pris inscription, du chef du défunt, sur certains immeubles, doivent-ils, pour invoquer la séparation des patrimoines, prendre une nouvelle inscription?

Montrons d'abord l'intérêt de cette nouvelle inscription. Cet intérêt existe à divers points de vue :

Le défunt a, je suppose, donné à Primus une hypothèque sur un de ses immeubles, qui a été inscrite le 1er février, et le décès s'est produit le lendemain 2 février. L'héritier s'est marié le 1er janvier de la même année, et sa femme Secunda a une hypothèque légale qui prend rang à cette date, indépendamment même de toute inscription sur les immeubles de son mari (art. 2135). Certains auteurs admettent que, dans ce cas, l'hypothèque de Secunda primera celle de Primus, et qu'il est nécessaire, pour empêcher ce résultat, que Primus, quoique déjà inscrit avant le décès, prenne une nouvelle inscription, tendant à séparer le patrimoine du défunt et à le mettre à l'abri des créanciers personnels de l'héritier, c'est-à-dire de Secunda dans l'espèce. En effet, dit-on, si la séparation des patrimoines n'est pas invoquée, Primus est censé avoir toujours eu l'héritier pour débiteur, et l'immeuble hypothéqué est censé avoir toujours appartenu à l'héritier et avoir été hypothéqué de son chef à la fois à Primus et à Secunda. Dès lors, entre Primus et Se cunda, il faut préférer cette dernière, puisque son rang hypothécaire date du 1er janvier, tandis que celui de Primus ne date que du 2 février. Il n'y a pour Primus qu'un moyen d'éviter ce résultat, c'est d'invoquer la séparation des patrimoines en prenant une nouvelle inscription à titre de créancier héréditaire (Pont, Privilèges et hypothèques, art. 2106, 2113, n° 300 et les autorités citées).

Nous préférons l'opinion contraire. Secunda n'a hypothèque sur les biens de la succession que sous la réserve des droits dont les a affectés le défunt, car ce n'est que sous cette charge que l'héritier les a acquis. Il est excessif de dire que les immeubles héréditaires sont censés avoir été toujours la propriété de l'héritier : à ce compte les droits réels consentis non seulement ne seraient pas opposables aux créanciers privilégiés de l'héritier antérieurement inscrits, mais ils ne seraient même pas opposables à ses créanciers chirographaires, à ses acquéreurs. L'héritier n'est propriétaire que du jour du décès ; toutes les charges consenties par le défunt et régulièrement conservées avant le décès, sont donc parfaitement valables : ce n'est que sous la réserve de ces charges que les biens héréditaires parviennent à l'héritier. Eu un mot, il n'est pas nécessaire, pour que l'inscription, prise du vivant du défunt, conserve son rang à l'encontre des créanciers hypothécaires de l'héritier, qu'une nouvelle inscription soit requise, après le décès, à fin de séparation des patrimoines. (En ce sens Aubry et Rau, VI, p. 490 note, 50 et les autorités citées).

L'inscription prise par des créanciers héréditaires avant le décès a-t-elle plus d'effet vis-à-vis des créanciers de l'héritier que vis-à-vis des créanciers du défunt? On sait qu'à l'égard des créanciers du défunt elle ne conserve, outre le capital, que trois années d'intérêts (art. 2151). Conserve-t-elle tous les intérêts sans distinction vis-à-vis des créanciers de l'héritier par le motif que cette inscription vaut de plein droit séparation des patrimoines?

Un premier système soutient que oui, par la raison qu'il suffit, aux termes de l'art. 211, d'une inscription pour invoquer la séparation des patrimoines sur les immeubles. Or, dans l'espèce, cette inscription a été prise. Les créanciers inscrits exerceront donc, vis à-vis des créanciers personnels de l'héritier, en vertu de cette seule inscription, non seulement les droits de créanciers hypothécaires, mais aussi ceux de créanciers chirographaires séparatistes. (Cass. 30 nov. 1847. S. 48, 1, 17).

Nous pensons au contraire que l'inscription hypothécaire prise sur le *de cujus* ne procure pas plus de droits, vis-à-vis des créanciers de l'héritier, que vis-à-vis des créanciers du défunt. L'héritier, en effet, est le continuateur du défunt, du moment que la séparation des patrimoines n'est pas invoquée. Ses créanciers supposés ne se sont inscrits que comme créanciers hypothécaires ; ils conserveront donc cette qualité, mais ils ne sauraient acquérir de plein droit celle de créanciers séparatistes. Avec le système contraire, on aboutit à une conséquence inadmissible, si l'on suppose qu'un créancier ayant contre le défunt des créances distinctes dont une seule est garantie par une hypothèque. On dirait, en effet que, pour toutes ses créances, il pourra de plein droit primer les créanciers de l'héritier. Ce serait là une exception à la confusion des patrimoines que rien ne justifierait. En prenant une inscription, il a voulu se mettre à l'abri, pour l'unique créance garantie, de l'insolvabilité du défunt. Mais il n'a pas voulu, même pour cette créance, se garantir contre l'insolvabilité de l'héritier dans la mesure où son hypothèque serait insuffisante, attendu qu'il ne pouvait pas savoir s'il y aurait un héritier : à plus forte raison n'a-t-il pu avoir l'intention de se garantir de cette insolvabilité pour les autres créances.

Qu'on ne dise pas que l'inscription spéciale de la séparation des patrimoines, que nous exigeons, fait double emploi avec l'inscription déjà prise. Celle-ci produit évidemment son effet à l'encontre des créanciers de l'héritier tout comme à l'encontre des héritiers du défunt, sur la valeur du bien grevé ; mais elle ne donnera de préférence que pour le capital et trois années d'intérêts, et non pour la totalité des intérêts. (Voy. les citations de Demolombe, n° 195 in fine).

Jusqu'à quand l'inscription peut-elle être prise ?

Je suppose d'abord que l'immeuble héréditaire ne soit pas aliéné par l'héritier.

Il est certain que pour avoir un effet rétroactif au décès, elle doit être prise avant l'expiration du sixième mois à partir du décès (art. 2111); mais, en tant qu'ayant effet à sa date et sans effet rétroactif, pourra-t-elle être prise à toute époque ?

Autrement dit, la séparation des patrimoines n'est-elle soumise à aucune prescription ?

La question est controversée. Certains jurisconsultes disent que ce bénéfice se prescrit par trente ans, conformément au droit commun. (Merlin, Questions de Droit, V° Séparation des patrimoines § 2 ; Dufresne, n° 56).

Nous pensons qu'il n'y a à cet égard d'autre prescription que celle de la créance elle-même. Il s'agit, en effet, d'un privilège, c'est-à-dire d'une qualité inhérente à toute créance contre une succession. Tant que cette créance subsiste, cette qualité lui demeure attachée. Il est de principe, d'ailleurs, que les privilèges et les hypothèques sont imprescriptibles tant que les immeubles grevés demeurent entre les mains du débiteur (art. 2180). Telle était la solution de notre ancien Droit, si le Code y avait voulu déroger, il l'aurait dit. Loin de là, l'art. 2113 ne soumet la séparation des patrimoines à aucune condition de temps quant à son inscription, en tant que cette inscription a le caractère hypothécaire et ne produit d'effet qu'à sa date. Enfin, l'art. 880 permet d'invoquer la séparation des patrimoines, quant aux immeubles, « tant qu'ils existent dans la main de l'héritier. » (En ce sens la jurisprudence et la majorité des auteurs. Voy. les citations de Demolombe, XVII, n° 197).

Je suppose maintenant qu'un immeuble héréditaire soit aliéné par l'héritier. La question de savoir quels sont alors les droits des créanciers de la succession, a été traitée plus haut à la IVe section du chapitre premier. Notre solution, nous le rappelons, est que l'inscription peut être prise jusqu'à la transcription de l'acte d'aliénation. Après cette transcription, l'inscription n'est plus valable, quand bien même elle serait prise pour les six mois de décès.

Revenons au premier cas, celui où l'immeuble est resté entre les mains de l'héritier, et demandons-nous les faits qui peuvent faire obstacle à l'inscription.

En cas de faillite de l'héritier, l'inscription peut-elle encore être prise ? Précisons bien, dans cette question, les points certains et les points controversés.

Si le décès est postérieur à la faillite de l'héritier, il est bien certain que les créanciers héréditaires peuvent s'inscrire pour se mettre à l'abri des conséquences de la faillite : le motif de l'institution s'applique ici pleinement : on ne peut d'ailleurs reprocher aucune négligence aux créanciers héréditaires puisque la faillite était antérieure à l'ouverture de la succession.

Supposons que le décès soit antérieur à la faillite de l'héritier : les créanciers séparatistes peuvent-ils, pendant la période suspecte, prendre inscription ?

Évidemment oui, s'il ne s'est pas écoulé plus de quinze jours entre le décès et la prise de l'inscription (art. 448, C. de commerce).

S'il ne s'est pas écoulé six mois, la question est controversée. Nous admettons que l'inscription peut être prise. Elle a en effet un caractère rétroactif quand elle est prise avant l'expiration du sixième mois. Jusqu'à cette époque les créanciers héréditaires ne sauraient être considérés comme négligents.

On objecte les termes formels de l'art. 448, qui prohibe sans aucune distinction les inscriptions après la faillite. Mais je réponds que l'inscription prise avant le sixième mois du décès est réputée opérée le jour même du décès, donc avant la faillite. C'est ainsi que tout le monde admet l'inscription de la femme du failli tant qu'elle est dans l'année qui suit le décès du mari, celle du mineur sur les biens du tuteur failli, tant qu'il est dans l'année qui suit la cessation de la tutelle, les inscriptions en renouvellement afin d'éviter la péremption. Il y a lieu, par identité de motifs à admettre l'inscription de la séparation des patrimoines. (En ce sens : Aubry et Rau, VI, p. 486, note 44 ; Demolombe, XVII, n° 198 et les citations. En sens contraire, Lyon, Caen et Renault, Précis, n° 2715 et les citations).

Envisageons le cas où il s'agit de la faillite du défunt lui-même.

Je suppose que cette faillite soit déclarée après le décès : cela est possible en vertu de la loi de 1838 sur les faillites, pourvu que le jugement intervienne dans l'année du décès. Est-ce qu'après ce jugement les créanciers héréditaires pourront inscrire la séparation des patrimoines? Nous pensons qu'il n'y a aucun obstacle à cette inscription. On objecte l'art. 448, qui arrête le cours des inscriptions au jugement déclaratif. Je réponds que ce texte est absolument étranger à notre hypothèse. Il prohibe l'inscription sur le débiteur du failli ; or, dans notre cas. le débiteur, ce n'est pas le défunt, c'est l'héritier; il s'agit de prendre inscription sur les immeubles que celui-ci recueille dans la succession du failli. Or l'héritier n'est pas en faillite ; donc il n'y a pas d'obstacle à ce qu'une inscription de privilège soit prise sur lui (Aubry et Rau et Demolombe, *ibid.*).

Primus meurt laissant un héritier Secundus qui accepte purement la succession de Primus : il est certain que les créanciers de Primus peuvent inscrire la séparation des patrimoines à l'encontre des créanciers de Secundus. Mais le peuvent-ils encore si Secundus venait à mourir lui-même laissant un héritier Tertius qui n'accepte la succession de Secundus que sous bénéfice d'inventaire? La négative paraît bien résulter de l'art. 2146 qui arrête le cours des inscriptions par la mort du débiteur suivie de l'acceptation bénéficiaire de sa succession. Toutefois, nous admettons l'inscription sur les immeubles de Primus, même après le décès de Secundus et l'acceptation bénéficiaire de sa succession par Tertius, si elle est prise dans les six mois du décès de Primus, car elle jouit alors d'un effet rétroactif et est réputée prise au jour de ce décès, donc en temps utile. Mais une fois ces six mois écoulés, nous considérons que l'inscription est exclue par les termes formels de l'art. 2146.

Section III — Causes d'extinction spéciales aux meubles.

Elles sont au nombre de trois : l'expiration d'un délai de trois ans; 2° la confusion du mobilier héréditaire avec lui de l'héritier; 3° l'aliénation des meubles héréditaires par l'héritier.

§ 1er — *Expiration d'un délai de trois ans.*

Aux termes de l'art. 880, les créanciers héréditaires ne peuvent plus invoquer la séparation des patrimoines sur les meubles au bout de trois ans.

Ce délai de trois ans est conforme au système général du Code civil, quand il s'agit du droit de suite sur les meubles (art. 2279, 809). Le Droit romain avait fixé cinq ans pour toute espèce de biens, meubles ou immeubles (L. 1 § 13 D. à notre titre). Notre ancien Droit ne fixait aucun délai (Pothier, Introduction au titre 17 de la coutume d'Orléans, n° 127).

Quelle est le motif de cette cause d'extinction? On peut donner deux motifs : 1° Il y a lieu de présumer, lorsqu'il s'est écoulé trois ans depuis le décès, sans qu'aucune mesure conservatoire ait été prise par les créanciers héréditaires, que ceux-ci ont renoncé à la séparation des patrimoines, et consentent à n'avoir d'autre débiteur que l'héritier, d'autres garanties que sa fortune personnelle, telle qu'elle se comporte à la suite de l'acceptation de la succession : 2° La loi présume qu'au bout de ce temps, il serait presque impossible de distinguer les meubles du défunt de ceux de l'héritier, parce qu'il a dû se produire en fait une confusion de deux mobiliers. La distinction donnerait lieu, à un tel intervalle, à des difficultés qui seraient une source de procès, et c'est ce que la loi veut empêcher.

Notre fin de non-recevoir s'applique non seulement aux meubles corporels, mais aussi aux meubles incorporels, tels que rentes, actions, obligations et créances mobilières quelconques, car la loi ne fait aucune distinction. La preuve qu'elle prend le mot « meubles » dans un sens absolument général, c'est qu'elle leur oppose les immeubles qu'elle soustrait à notre cause d'extinction.

Quel est le point de départ de cette prescription de trois ans ? Dans l'opinion générale, c'est le jour de l'ouverture de la succession. MM. Aubry et Rau (VI p. 480 texte et note 31) disent que c'est le jour de l'acceptation de la succession. En effet, disent ces auteurs, le motif de la déchéance est la présomption d'une confusion de fait des meubles du défunt et de l'héritier. Or, cette présomption ne se conçoit pas au jour de l'ouverture de la succession, mais seulement à partir de l'acceptation. Donc, c'est à partir de ce moment seulement que la prescription de trois ans, fondée sur cette présomption, peut commencer à courir. D'ailleurs, la séparation des patrimoines n'est invoquée qu'en considération de la personne de l'héritier *intuitu heredis;* il faut donc savoir, pour qu'il soit question de l'invoquer, qu'il y a un héritier et quel est cet héritier. Dès lors, la prescription extinctive de ce droit ne saurait courir à un moment où il n'est pas possible de l'exercer, puisqu'il n'est même pas ouvert (Arg. de l'art. 2257). Enfin la tradition romaine, d'où vient notre institution, est dans le même sens (L. I, § 15, D. à notre titre.)

Pour soutenir au contraire que le point de départ de notre prescription se place à l'ouverture même de la succession, nous invoquons le silence gardé par l'article 880 sur notre question. Il doit donc s'agir de l'ouverture de la succession, car l'héritier est propriétaire dès cette époque : l'acceptation, en effet, rétroagit (art. 777). D'autre part, l'article 2111 qui fixe un délai de six mois en ce qui touche l'inscription sur les immeubles, déclare formellement qu'il commencera à courir à partir de l'ouverture de la succession. Le législateur a dû avoir en vue le même point de départ, pour le délai de trois ans relatif aux meubles. J'ajoute que l'héritier étant saisi de plein droit dès l'ouverture de la succession (art. 724), est dès ce moment exposé aux poursuites, tant de ses créanciers personnels que des créanciers héréditaires. C'est donc à partir de ce moment que ces derniers avaient intérêt à demander la séparation des patrimoines. Enfin, s'il est d'autant plus naturel de supposer que le législateur a voulu se référer à cette époque de l'ouverture de la succession, qu'elle est facile à déterminer et qu'aucune contestation ne peut s'élever à cet égard, tandis que rien n'est plus incertain que l'époque précise de l'acceptation, étant donné que dans notre Droit, elle est le plus souvent tacite. Cette dernière remarque, nous fournit la raison de la différence de notre législation avec le Droit romain sur ce point. En Droit romain, l'acceptation était généralement expresse et même solennelle, elle se faisait alors par le procédé de la *cretio*. Elle avait donc une date précise, facile à déterminer. De plus, l'héritier, testamentaire ou légitime, n'était investi de la succession que par l'adition : la faculté de demander contre lui la séparation des patrimoines ne naissait donc pas et ne pouvait dès lors se prescrire qu'à partir de cette époque.

En ce qui touche les successeurs irréguliers, nous pensons que le délai de trois ans ne part que du jour de la demande d'envoi en possession, ou du jour de la délivrance, qui peut leur être accordé à l'amiable par l'héritier saisi. C'est, en effet, à partir de ce jour seulement, qu'ils peuvent être poursuivis sur les biens héréditaires et qu'ils ont l'exercice des droits du défunt.

Toutefois la question est fort douteuse, parce que la loi ne fait aucune distinction : aussi M. Demolombe conseille-t-il aux créanciers héréditaires de ne pas laisser s'écouler trois ans depuis l'ouverture de la succession, sans invoquer la séparation des patrimoines sur les meubles.

La prescription de trois ans court-elle contre un créancier à terme ou conditionnel? Nous pensons que oui. On nous objecte l'article 2257 qui déclare la prescription suspendue à l'égard des droits de créance affectés de ces modalités. Mais le motif de cet article ne s'applique pas. Ce motif, en effet, c'est que le créancier ne peut agir *pendente die* ou *pendente conditione*, et qu'il serait illogique, dès lors, de faire courir contre lui une prescription fondée sur sa négligence ou sa renonciation tacite. Or, nous avons dit que les créanciers héréditaires à terme ou conditionnels peuvent demander la séparation des patrimoines.

Cette prescription court-elle contre les mineurs et les interdits? Nous pensons que oui, car il s'agit d'une courte prescription (art. 2252).

§ 2. — *Confusion du mobilier héréditaire avec celui de l'héritier*

La loi n'envisage pas cette cause d'extinction. mais elle résulte de la force même des choses : on ne peut pas distinguer, comme biens héréditaires, afin d'exercer sur eux un privilège, des objets dont il est impossible de prouver l'origine successorale. D'ailleurs la loi arrête la faculté de demander la séparation des patrimoines au bout de 3 ans, par suite d'une présomption de confusion : *a fortiori*, lorsque la confusion est réelle. le bénéfice ne saurait-il être invoqué. (L. 1, § 12, D, à notre titre; cass. 8 novembre 1815. S. 16.1.137). La question de savoir s'il y a confusion des mobiliers est évidemment de pur fait.

Supposons que l'héritier ait vendu simultanément, et pour un prix unique, des meubles héréditaires et des meubles propres : y a-t-il confusion? Je distingue deux cas : *a*). La ventilation est impossible, c'est-à-dire qu'on ne peut pas déterminer le rapport de la valeur des meubles héréditaires à celle des meubles de l'héritier. Il y a alors confusion et obstacle à la séparation des patrimoines. *b*). La ventilation est possible. On la fera, et les créanciers héréditaires opèreront la séparation des patrimoines sur la partie de la créance qui correspond à la valeur des meubles héréditaires. Il en serait bien entendu autrement si les créanciers héréditaires avaient consenti à la vente et manifesté par là qu'ils suivaient la foi de l'héritier. (Voir les autorités dans Demolombe, XVII, n° 190).

La confection d'un inventaire présente une grande utilité pour fixer la consistance des meubles héréditaires. Proposons-nous à cet égard deux questions :

Première question. — Lorsqu'il a été fait un inventaire du mobilier de la succession, ou un autre acte équivalent tel qu'un acte de partage, est-il possible que notre bénéfice s'éteigne par la confusion des mobiliers? Sans aucun doute. Certes, l'inventaire permettra souvent de reconnaître et de séparer certains meubles, tels que des objets d'art : alors la séparation des patrimoines s'exercera soit sur ces objets, soit sur la créance du prix s'ils ont été vendus et que le prix n'ait pas été payé. Mais il y a d'autres meubles pour lesquels cet inventaire ne sera d'aucun secours, par exemple s'il s'agit de monnaie ou de créances dont le paiement a été fait à l'héritier, ou du prix provenant de la vente de meubles héréditaires, en un mot, toutes les fois que les meubles héréditaires ou les choses en provenant ont été si bien confondus avec les biens de l'héritier qu'il est impossible d'en fixer l'origine, *quum ita conjunctæ possessiones et mixtæ propriis ut impossibilem separationem effecerint*. (L. I, § 12. D. à notre titre).

Certains auteurs ont émis pour ce dernier cas la prétention que les créanciers héréditaires pourraient invoquer un privilège *sur les biens personnels de l'héritier*, jusqu'à concurrence de la valeur fixée par l'inventaire des meubles confondus (Chabot, art. 880, n° 4).

Cette opinion nous paraît purement arbitraire, et même contraire au texte précis de la loi, qui fait porter le privilège dérivant de la séparation des patrimoines sur les biens de la succession, et nullement sur les biens personnels de l'héritier : or, c'est un principe essentiel qu'il n'y a pas de privilège sans texte. Qu'on ne dise pas que ces valeurs ont tourné à l'enrichissement de l'héritier et que notre décision aboutit à enrichir ses créanciers personnels aux dépens des créanciers héréditaires, car qui sait la destination que l'héritier a donnée à ces sommes d'argent ? Peut-être les a-t-il dissipées.

Mais enfin, ajoute-t-on, les créanciers héréditaires sont sacrifiés, si, malgré l'inventaire, leur bénéfice est exposé à s'évanouir par les ventes faites par l'héritier du mobilier de la succession ou par la disposition qu'il fait des deniers qui y sont compris. Je réponds que cet inconvénient est écarté dans notre opinion par le fait que nous reconnaissons à ces créanciers la faculté de demander des mesures conservatoires. (V. chap. Ier, sect. V).

Deuxième question. — L'absence d'inventaire ou d'un autre acte équivalent fait-elle obstacle à la séparation des patrimoines ?

Certains auteurs admettent l'affirmative, et excluent la preuve de l'origine des biens par le témoignage. Les créanciers héréditaires n'ont pas à se plaindre, car rien ne les empêchait de requérir l'inventaire (C. proc. civ., art. 941); ils n'ont qu'à s'en prendre à eux-mêmes de leur négligence (Demante, III, n° 221 bis III).

Cette opinion nous paraît trop absolue. On peut supposer, en effet, que les créanciers héréditaires n'avaient pas en fait la faculté de faire inventaire ; par exemple s'ils étaient absents ou éloignés du lieu de l'ouverture de la succession, ou dans l'ignorance du décès de leur délateur. Il nous paraît équitable dans ce cas, et conforme à l'esprit de la loi qui permet la preuve par témoins toutes les fois que le défaut de titre n'est pas imputable au demandeur (art. 1348) de laisser les créanciers héréditaires prouver par témoins l'origine successorale des meubles qui se trouvent entre les mains de l'héritier.

Telle était la décision certaine de nos anciens

auteurs (Lebrun, Successions, liv. IV, chap. II, sect. I.
nᵒ 22 ; Pothier, successions, chap. v, art. 4). Si le
législateur avait voulu s'en écarter, il l'aurait dit formellement.

§ 3 . — *Aliénation des meubles par l'héritier*

La loi ne parle pas davantage de cette cause d'extinction de la séparation des patrimoines, mais elle
est une conséquence directe de la règle de l'art. 2279,
ou encore de cette disposition que les meubles n'ont
pas de suite par privilège (art. 2217) Voir aussi l'art.
1141. Il est évident d'ailleurs que l'aliénation par
l'héritier de certains meubles héréditaires ne fait pas
obstacle à ce que les créanciers du défunt demandent
la séparation des patrimoines sur les autres qui sont
restés en la possession de l'héritier.

Qu'on n'invoque pas d'*a contrario* tiré de l'art. 880
aux termes duquel la séparation des patrimoines ne
peut être demandée à l'égard des immeubles, que tant
qu'ils existent dans la main de l'héritier, pour dire
qu'elle subsiste pour les meubles après l'aliénation.
C'est *a fortiori* qu'il faudrait argumenter de ce texte,
car la loi est moins favorable à la revendication des
meubles contre le tiers qu'à celle des immeubles. C'est
ainsi que, dans notre sujet même, la loi admet à toute
époque, la séparation des patrimoines à l'égard des
immeubles, tandis qu'elle la repousse au bout de trois
ans pour les meubles, quand bien même ils seraient
restés dans la main de l'héritier.

La loi ne faisant aucune distinction entre les meubles, notre cause d'extinction s'applique même aux meubles incorporels. Notons pourtant le dissentiment de Duranton (t. VII, n° 485) qui, en cas de cession de créance, soit par vente, soit par dation en paiement, soit par délégation, permet aux créanciers héréditaires de saisir cette créance pendant trois ans entre les mains du cessionnaire. Cette solution qui est incontestablement très favorable aux créanciers héréditaires, nous paraît sacrifier illégalement l'intérêt du tiers acquéreur. La loi ne fait en effet aucune distinction entre les meubles. Il est inadmissible que la séparation des patrimoines soit écartée en ce qui touche les immeubles aliénés et qu'elle demeure possible pour les meubles, car l'esprit de la loi est de permettre d'une façon beaucoup plus longue, la poursuite des immeubles entre les mains des tiers que celle des meubles.

La séparation des patrimoines peut-elle être invoquée contre un tiers acquéreur de mauvaise foi ?

Si la mauvaise foi consiste simplement en ce que le tiers acquéreur savait que les meubles provenaient de la succession, nous pensons que la séparation des patrimoines ne peut plus être demandée. (Nous supposons, bien entendu, que la vente est sérieuse, et qu'elle a eu lieu pour un prix convenable). Si elle avait déjà été demandée avant l'aliénation, nous admettrions le droit de suite : c'est un point que nous avons indiqué au chapitre II.

Mais si le tiers acquéreur savait, non seulement que

ces meubles provenaient de la succession, mais que de plus, l'héritier étant insolvable, ces meubles étaient nécessaires au paiement des créanciers héréditaires, il y aurait fraude de sa part, et il serait exposé à une action en dommages-intérêts par laquelle les créanciers invoqueraient la séparation des patrimoines, car ils ont droit à cette action en qualité de créanciers du défunt, et non en qualité de créanciers personnels de l'héritier et l'acquéreur ne saurait dès lors leur opposer qu'ils doivent respecter l'acte de ce dernier. On prouvera la fraude par témoins ou par présomptions : il y aurait présomption de collusion frauduleuse du tiers et de l'héritier, par exemple si le prix n'était pas sérieux, ou si l'aliénation avait eu lieu à titre gratuit. La plupart des auteurs voient en cette action une application de l'action paulienne (Demolombe XVII, n° 179), et la soumettent aux règles ordinaires de cette action. Telle n'est pas notre opinion. S'il s'agissait de l'action paulienne, les créanciers héréditaires ne pourraient l'invoquer qu'en qualité de créanciers personnels de l'héritier, et dès lors ils ne pourraient plus invoquer la séparation des patrimoines pour en avoir le profit exclusif.

TROISIÈME PARTIE

Des cas de vacance de la succession, ou d'acceptation sous bénéfice d'inventaire

Consacrons un chapitre distinct à chacun de ces deux cas.

CHAPITRE PREMIER

Du cas où l'hérédité est vacante

La séparation des patrimoines a lieu alors de plein droit, les créanciers n'ont pas à l'invoquer. Ce bénéfice, à vrai dire, ne se conçoit même pas; il n'y a pas deux patrimoines à distinguer, puisqu'il n'y a en présence qu'une seule masse de biens, la masse héréditaire. Il en est ainsi, même s'il existe en fait un héritier, lorsque cet héritier est inconnu (Amiens, 14 juin 1852, S. LIII, 2, 537; Troplong, Hypothèques, III, n° 651). Seulement, si cet héritier se présente plus tard, et accepte la succession purement et simplement, les créanciers héréditaires deviennent ses créanciers personnels, et ils doivent, s'ils veulent conserver leur droit de préférence à l'encontre de ses propres créanciers, invoquer la séparation des patrimoines conformément au Droit commun.

M. Blondeau (Séparation des patrimoines, p. 503, note 4, et pages 508 à 512) déclare que la séparation des patrimoines demeure acquise aux créanciers héréditaires, nonobstant la survenance de l'héritier, et qu'ils n'ont même pas besoin de prendre inscription sur les immeubles héréditaires. Cela nous paraît excessif. La vérité est que l'héritier qui se présente, a été saisi dès le jour de l'ouverture de la succesion (art. 777). Certes, les paiements faits par le curateur sont maintenus, par un tempérament d'équité, à raison de la bonne foi des créanciers qui les ont reçus (art. 1240). Mais, à part cette restriction, les créanciers héréditaires sont devenus créanciers personnels de l'héritier saisi. Ils ne peuvent donc se procurer un droit de préférence à l'encontre des autres créanciers de ce dernier qu'en se conformant aux conditions de la séparation des patrimoines.

Mais n'allons pas trop loin ! Je répète que l'acceptation pure et simple de l'héritier inconnu au moment du décès n'a pas d'effet rétroactif à l'encontre des droits acquis aux créanciers héréditaires. Ceux qui auront touché le paiement du curateur, le conserveront : *suum receperunt ;* les créanciers personnels de l'héritier ne seront pas admis à demander le rapport de ces sommes pour les soumettre à une contribution. Ce sont donc seulement les créanciers héréditaires non encore payés qui auront intérêt à demander la séparation des patrimoines.

Pourra-t-on leur objecter qu'ils ont laissé passer les délais de six mois et de trois ans fixés par les articles 2111 et 880 ? Nous ne le pensons pas . Ces délais ne courent que du jour où l'héritier se sera fait connaître.

Jusque-là, on ne peut reprocher aucune négligence aux héritiers héréditaires : ils ont dû se fier à la nomination d'un curateur pour penser qu'il n'y avait en réalité aucun héritier.

CHAPITRE II

Acceptation sous bénéfice d'inventaire

On sait que le bénéfice d'inventaire est accordé à l'héritier pour le mettre à l'abri du préjudice que pourrait lui causer la confusion des patrimoines. Il en résulte certainement pour lui-même une séparation des patrimoines, d'où il résulte notamment :

Qu'il ne peut pas être poursuivi personnellement au-delà des valeurs héréditaires qu'il recueille.

Que les obligations qui existaient entre le défunt et lui subsistent à son profit comme à sa charge.

Que les servitudes qui existaient entre ses immeubles et ceux du défunt, ne sont pas éteints par confusion.

Qu'il conserve ses droits d'usufruit et d'hypothèque sur les biens de la succession, etc.

Il ne faudrait pourtant pas conclure de là que la succession bénéficiaire constitue une personne morale distincte de l'héritier. Celui-ci conserve, malgré le bénéfice d'inventaire, sa qualité d'héritier et dès lors, il est personnellement créancier des sommes dûes à la succession. Il s'ensuit qu'il pourra compenser les sommes dont il est créancier à titre d'héritier avec celles dont il est débiteur à un titre quelconque. Certes, cela nuirait aux créanciers héréditaires qui ne pourront pas concourir sur ces sommes dûes à la succession, mais ils n'avaient, pour éviter ce résultat, qu'à demander la séparation des patrimoines.

Qu'on n'objecte pas que cette séparation résulte du bénéfice d'inventaire lui-même. Les modifications qu'il entraîne ne concernent que les rapports de l'héritier avec les créanciers de la succession, et ne peuvent rien changer à la situation des débiteurs de la succession qui sont des tiers : ceux-ci ne peuvent ni s'en prévaloir ni se la voir opposer (Caen, 10 mars 84, D. 85. 2. 9).

On se demande si cette séparation des patrimoines que le bénéfice d'inventaire produit certainement au profit de l'héritier, a lieu aussi au profit des créanciers héréditaires, de telle sorte que ceux-ci pourraient *ipso facto* et sans aucune démarche, invoquer sur les biens héréditaires un droit de préférence à l'encontre des créanciers personnels de l'héritier bénéficiaire. La question est très douteuse et vivement controversée. (Voy. les autorités dans les 2 sens des Aubry et Rau, p. 504, note 71).

Nous pensons, conformément à une jurisprudence à

peu près unanime, que la séparation des patrimoines résulte de plein droit, aussi bien au profit des créanciers héréditaires que contre eux, du bénéfice d'inventaire réclamé par l'héritier, et que les créanciers héréditaires n'ont pas besoin de l'invoquer spécialement. V. Cass., 8 juin 1863. (S. 63, 1. 279), Metz, 25 juillet 65 s. 66, 2. 249, et la note de M. Labbé dans le même sens.

On objecte que le bénéfice d'inventaire est établi dans l'intérêt de l'héritier, et nullement dans celui des créanciers héréditaires qui sont protégés d'une façon distincte par la faculté de demander la séparation des patrimoines.

Il est vrai que c'est son intérêt unique que poursuit l'héritier en invoquant la séparation des patrimoines sous la forme du bénéfice d'inventaire, mais il n'en est pas moins exact qu'elle existe, et il est impossible qu'elle existe pour lui sans exister en même temps pour les créanciers héréditaires. Autrement, en effet, l'héritier conserverait ses droits contre la succession, tandis que les créances héréditaires contre l'héritier s'éteindraient par confusion; les servitudes de l'héritier sur les immeubles de la succession subsisteraient, et celles du défunt sur les biens de l'héritier demeureraient éteintes. Cela serait évidemment d'une flagrante injustice, car l'héritier s'enrichirait aux dépens des créanciers de la succession. Donc le bénéfice d'inventaire emporte de plein droit séparation des patrimoines au profit des créanciers héréditaires.

Mais, dira-t-on, comment en fait les droits de ces

derniers seront-ils conservés sans aucune démarche de leur part? La loi édicte, dans la question du bénéfice d'inventaire, des mesures destinées à assurer la conservation des biens héréditaires dans l'intérêt des créanciers du défunt (art. 802, 809). Ces mesures de la loi sont même la confirmation de notre solution. A quoi bon la conservation de ce gage s'il doit échapper aux créanciers du défunt, pour la plus grande partie peut-être, par suite du concours des créanciers personnels de l'héritier? Si on ne donne, en effet, aux créanciers héréditaires que l'actif de la succession, en leur refusant toute poursuite sur les biens de l'héritier, encore faut-il le leur donner complètement.

M. Demolombe (XV, n° 172) déclare que le bénéfice d'inventaire ne produit pas de plein droit la séparation des patrimoines pour les créanciers héréditaires, mais simplement l'un des effets de ce bénéfice, à savoir un droit de préférence sur l'actif héréditaire à l'encontre des créanciers personnels de l'héritier. Ce droit d'ailleurs est lié à ce bénéfice, et par conséquent subordonné à la volonté de l'héritier. Si celui-ci renonce à son bénéfice et se rend héritier pur et simple, les créanciers héréditaires perdent le droit de préférence. Si les créanciers héréditaires veulent avoir la plénitude de la séparation des patrimoines, et notamment le droit de suite, et mettre ce bénéfice à l'abri de la volonté de l'héritier, ils doivent remplir les formalités ordinaires de la séparation des patrimoines, et prendre l'inscription de l'art. 2111.

Un tel système me paraît apporter dans la question une complication aussi inutile que contraire aux procédés ordinaires du législateur. Si le bénéfice d'inventaire procure un droit de préférence aux créanciers héréditaires ; ce droit ne peut résulter que de la séparation des patrimoines, car c'est là l'unique base que la loi donne à cette préférence. S'il y a séparation des patrimoines, elle doit produire ses effets moraux. Pourquoi donc faudrait-il pour le droit de suite une inscription qu'on n'exige pas pour le droit de préférence. L'art. 2106 exige cette inscription, et l'art. 2111 applique cette règle à la séparation des patrimoines en fixant l'époque de l'inscription. Cependant M. Demolombe admet que la séparation des patrimoines se conserve, en cas d'acceptation bénéficiaire, sans inscription ; c'est donc qu'ici la séparation des patrimoines est acquise de plein droit et soustraite aux formalités ordinaires. Il est donc conséquent de l'y soustraire aussi au point de vue du droit de suite.

Est-il besoin d'ajouter que la confection d'un inventaire régulier ne suffit pas pour entraîner la séparation des patrimoines au profit des créanciers héréditaires, pas plus que cela ne suffit pour l'emporter au profit de l'héritier lui-même ? Il faut une déclaration au greffe du tribunal de l'ouverture de la succession : cette condition est en effet destinée à donner de la publicité à la séparation des patrimoines qui va se produire. Il en serait autrement si l'héritier était mineur ou interdit : l'acceptation ne peut alors avoir lieu que sous bénéfice d'inventaire ; toute acceptation faite en

son nom, même non accompagnée de la dite déclaration
au greffe, devrait être considérée comme bénéficiaire,
Les tiers doivent savoir en effet que l'héritier est
mineur ou .interdit, puisque les actes de naissance et
les jugements d'interdiction sont publics.

Nous avons touché en passant, dans la question qui
précède, le point de savoir si les créanciers héréditaires,
dans notre cas d'acceptation bénéficiaire, doivent prendre inscription sur les immeubles héréditaires. Certains
auteurs, quoique partisans de notre solution qui fait
résulter du bénéfice d'inventaire la séparation des
patrimoines au profit des créanciers de la succession,
exigent l'inscription conformément à l'art. 2111. Ils
disent que cet article ne fait aucune distinction, et que
d'ailleurs cette inscription est nécessaire pour avertir
les tiers qui acquièrent du chef de l'héritier, soit la
propriété, soit des droits réels.

Je réponds que l'héritier est dans l'impuissance de
consentir ces aliénations ou constitutions de droits
réels, parce qu'il n'est qu'administrateur de la succession. S'il les réalise en fait, il renonce à la vérité pour
lui-même à la séparation des patrimoines; mais ce
bénéfice, comme nous le montrerons, n'est pas pour
cela perdu par les créanciers héréditaires. D'ailleurs
le bénéfice d'inventaire est entouré par la loi d'une
certaine publicité, précisément pour le porter à la
connaissance des tiers, et qui consiste dans la déclaration de l'héritier au greffe de l'ouverture de la succession, ou tout interressé peut aller se renseigner.

Nous considérons donc cette inscription comme inutile. Qu'on ne dise pas que la loi ne fait aucune distinction en exigeant cette mesure dans l'art. 2111 ! Ce texte en effet ne l'impose qu'aux créanciers et légataires qui demandent la séparation des patrimoines, ce qui exclut le cas où ils ne l'invoquent pas d'une façon spéciale, parce qu'ils l'ont de plein droit par l'effet du bénéfice d'inventaire.

Je suppose que l'acceptation bénéficiaire ait été faite par un simple héritier apparent. Quelque temps après, le véritable héritier se présente, évince l'héritier apparent, et accepte purement. La séparation des patrimoines qui résultait pour les créanciers héréditaires du bénéfice d'inventaire de l'héritier apparent, leur demeure-t-elle acquise ? Ou doivent-ils invoquer ce bénéfice de leur propre chef à l'encontre de l'héritier véritable ?

M. Blondeau (p. 508) admet qu'ils n'ont aucune mesure à prendre, et que la séparation des patrimoines demeure acquise. Cela ne nous paraît pas logique, et nous préférons faire, avec MM. Aubry et Rau (VI, p. 507, note 76), la distinction suivante :

Tant que l'héritier apparent est demeuré en possession de la succession, les créanciers ont joui en fait et en droit (arg. de l'art. 1240) du bénéfice de la séparation des patrimoines. Qu'on n'objecte pas que l'héritier apparent n'a pas eu le droit de leur donner cette cause préférence, car les créanciers héréditaires, ne pouvaient pas savoir, le voyant nanti des titres héréditaires et traité par tout le monde comme le véritable héritier, qu'il n'avait pas en réalité cette qualité. Ils auraient pu valablement recevoir de lui le paiement intégral (art. 1240); ils ont donc pu acquérir de son chef la séparation des patrimoines.

S'ils n'ont pas encore été payés lorsque se présente le véritable héritier, la situation change : c'est cet héritier qui est leur débiteur personnel, puisque, par hypothèse, il accepte purement. S'ils veulent acquérir une préférence sur les biens héréditaires à l'encontre de ses propres créanciers, ils doivent invoquer dans les formes ordinaires la séparation des patrimoines. Mais, dira-t-on, le délai de six mois de l'art. 2111 est peut-être expiré, ainsi que le délai de trois ans de l'art. 880, et la séparation des patrimoines deviendra alors illusoire. Je réponds que ces délais ne commencent à courir, dans notre cas, que du jour où l'héritier véritable s'est révélé par la pétition d'hérédité.

Lorsqu'il y a plusieurs héritiers, et que l'un d'eux seulement accepte sous bénéfice d'inventaire, en résulte-t-il pour les créanciers héréditaires une séparation des patrimoines opposable même aux créanciers personnels de ceux qui ont accepté purement? Nous ferons une distinction selon qu'on se place avant ou après le partage.

Jusqu'au partage, nous admettons l'affirmative. En effet, chaque cohéritier peut exercer, vis-à-vis des tiers, les mêmes droits que s'il était seul saisi. C'est ainsi qu'il peut revendiquer un bien héréditaire contre un tiers possesseur, sans que celui-ci puisse lui opposer qu'il n'est pas seul héritier, car le revendiquant a éventuellement vocation ou tout. Dès lors l'acceptation bénéficiaire d'un seul cohéritier empêche la confusion de toutes les parts indivises appartenant aux divers cohéritiers avec leurs biens personnels. Il ne saurait en effet accepter, soit bénéficiairement, soit purement, pour partie : l'acceptation ne fait que confirmer sa vocation héréditaire qui lui attribue éventuellement la totalité de la succession ; ce n'est que le partage que cette vocation sera restreinte à raison du concours des autres successibles.

Après le partage, au contraire, la séparation des patrimoines ne frappe plus que les effets mis au lot de l'héritier qui a accepté bénéficiairement. (En ce sens, Aubry et Ray. VI, p. 506, note 74 et les citations).

L'héritier peut perdre son bénéfice d'inventaire, soit par une renonciation, expresse ou tacite, soit par une déchéance. Les créanciers héréditaires perdent-ils pour cela la séparation des patrimoines ? Nous pensons qu'elle n'est perdue que pour l'héritier lui-même, qui se trouve ainsi exposé à la poursuite *ultra vires* des créanciers héréditaires, mais la séparation demeure acquise à ces derniers, et ils ne pourront la perdre que par un acte de leur volonté. Comment en effet la renonciation de l'héritier bénéficiaire aurait-elle effet contre eux ? Ils peuvent très bien ne pas la connaître, et se trouver par suite hors d'état de prendre de leur propre chef les mesures propres à conserver leur bénéfice.

De même la déchéance du bénéfice d'inventaire ne

saurait se retourner contre les créanciers héréditaires, car c'est précisément pour eux qu'elle est édictée par la loi. On ajoutera d'ailleurs le motif que nous venons de donner pour le cas de renonciation de l'héritier à son bénéfice d'inventaire. En ce sens : Cass. civ. rej. 11 janv. 82, D. 82, 1,364, S. 84, 1,317 (affaire Wion) Grenoble, 26 déc. 91, D. 92, 2,279 (affaire Nerson). Ajoutez D. 94, 2,543. Dans l'affaire Nerson, la Cour décide de plus que la renonciation de l'héritier à son bénéfice d'inventaire, ne saurait restituer aux créanciers du défunt le droit de prendre une inscription d'hypothèque dont l'acceptation bénéficiaire les avait privés, d'après l'art. 2146. Ce point donne lieu à une controverse spéciale, qui nous ferait sortir du cadre de cette étude (V, Aubry et Rau, III, 272, texte et note 35, p. 334; Pont. Privilèges et hypothèques, II, no 920).

En sens contraire, Laurent, X, no 82.

INDEX BIBLIOGRAPHIQUE

AUBRY ET RAU. — Cours de droit civil, 4e édition, VI, p. 470 et suivantes.

BARAFORT. — Traité théorique et pratique de la séparation des patrimoines.

BLONDEAU. — Traité de la séparation des patrimoines considérée spécialement à l'égard des immeubles.

Joignez un compte-rendu de cet ouvrage par BONNIER dans la Revue de législation, XIV, p. 478.

CABAUTOUS. — Esquisse d'une théorie de la séparation des patrimoines. Revue de législation, IV, p. 27.

CHABOT. — Successions, art. 878.

DALLOZ. — Répertoire alphabétique, Vo succession, nos 1,411 et suivants.

DEMANTE ET COLMET DE SANTERRE. — Cours analytique, III, p. 330 et suivantes.

DEMOLOMBE. — Cours de Code Napoléon, XV, nos 171 et 172; XVII, nos 98 et suivants.

DOLLINGER. — De la séparation des patrimoines.

DUBREUIL. — Essai sur la séparation des patrimoines.

DUFRESNE. — Traité de la séparation des patrimoines.

DURANTON. — Commentaire du Code civil, VII, no 488.

GRENIER. — Hypothèques, II, nos 419 et suivants.

HUREAUX. — Etudes historiques et critiques sur la séparation des patrimoines. Revue de Droit français et étranger, 1846, t. III, p. 417 et 497.

LAURENT. — Principes de droit civil, t. X.

DE LOYNE, notés dans Dalloz, 1893. 1. 465 ; 1894. 1. 5; 1895. 2, p. 217 et 273.

MARCADÉ. — Art. 378 et suivants.

Merlin. — Répertoire alphabétique, Vo Séparation des patrimoines.

Mourlon. — Transcription, II, no 740.

Pont. — Privilèges et hypothèques, nos 299 et suivants.

Rolland de Villargues. — Répertoire du notariat, Vo Séparation des patrimoines.

Toullier. — Commentaire du Code Napoléon, IV, nos 539 et suivants.

Troplong. — Hypothèques, I, nos 323 et suivants.

TABLE DES MATIÈRES